LE
# FILET
# D'ARIADNE

**UNICURSAL**

Copyright © 2018

**Éditions Unicursal Publishers**
www.unicursalpub.com

ISBN 978-2-924859-88-9

Première Édition, Lughnasadh 2018

# LE
# FILET
# D'ARIADNE

POUR    ENTRER    AVEC
ſeureté dans le Labyrinthe de
la Philoſophie Hermétique.

*Vir impius non cognoſcet : & ſtultus non*
*intelliget hæc. Ps. 91.*

*M. DC. XCV.*
*Avec Privilege du Roy.*

UNICURSAL

# TABLE DES CHAPITRES

# AVERTISSEMENT.

J'ai longtemps balancé avant que de me résoudre à mettre la main à la plume pour composer ce petit Traité, dissuadé de le faire par les mêmes raisons, qui ont empêche tous les Philosophes d'enseigner leur Science autrement qu'ils nous l'ont laissée, avouant qu'ils n'ont écrit que pour les Enfants de l'Art, & non pour les Ignorants, ni autres personnes qui en auraient pu abuser, & qu'ils se sont plutôt étudiés à la cacher qu'à la vouloir mettre en évidence : En effet il y en a qui ont composé plusieurs Volumes, chacun desquels contient bon nombre de Chapitres, qui sont autant de voiles qu'ils mettent devant les yeux, de ceux qui s'imaginent pouvoir pénétrer leurs mystères, où ils se sont rompus inutilement la tête. Les Chimistes même se persuadent que cette Science est de leur compétence & non de celle d'autrui, voyant souvent dans leurs Livres les termes de *Sublimations*, *Solutions*, *Digestions*, *Calcinations*, *Imbibitions*, *Coagulations*, & une infinité d'autres termes, dont on se sert dans la Chimie.

Sur quoi travaillants, ils ont fait cent brouilleries qui n'ont rien produit que de la confusion dans leurs esprits & de la dépense inutile dans leurs Laboratoires, parce qu'ils ont pris à la lettre les dires des Philosophes qui doivent s'expliquer tout autrement : & comme il y a peu de Personnes, qui puissent, comme il faut, manifester leurs dires & manières de parler, j'ai fait exprès un Dictionnaire qui explique fort nettement ce qui est le plus difficile, afin de satisfaire en quelque façon les Curieux, & désabuser ceux, qui se ruinent inconsidérément, voulant travailler sur une

Science qu'ils n'ont jamais apprise, & par conséquent qu'ils ne peuvent bien savoir ni mettre en usage.

Et quoique l'on voit dans les Livres des Sages, tant de Chapitres avec des noms différents, soyez averti (cher Lecteur) que ce n'est que pour mettre de la confusion dans les esprits, & qu'ils disent ou écrivent une même chose en cent façons différentes, & mettent à la fin de leurs Volumes, ce qui devrait être au commencement, & la fin au milieu, & le milieu dès le second ou le troisième feuillet. Outre que quelquefois ce qu'ils ont dit en un endroit, ils le révoquent dans un autre, disant : qu'il ne faut pas s'y arrêter.

Quelques-uns disent, que lorsqu'ils semblent parler le plus clairement, c'est alors qu'ils sont plus obscurs & le moins intelligibles ; c'est ce qui a fait dire à la plupart des hommes, que comme ces Livres sont composés autrement que les autres, qu'ils sont Livres faits à plaisir, pour amuser les gens d'une Science imaginaire qui n'a point de fondement, & qui promet des Trésors chimériques. C'est pourquoi ceux qui n'y peuvent rien comprendre, & qui n'ont pas l'esprit assez pénétrant pour développer le sens des paroles des Sages, ne nomment point autrement que fols & visionnaires ceux qui s'y attachent, & ferment la bouche à ceux qui en veulent parler.

J'avoue qu'il n'y a rien de si rebutant que la lecture de ces Livres, à une personne qui ne les entend pas, & qui n'en a pas les clefs, mais aussi il faut demeurer d'accord, que ceux qui les ont & qui les entendent, sont ravis de voir la subtilité de l'esprit des Philosophes pour cacher leur Science, il n'y a pas une page, où ils ne remarquent quelque trait nouveau qui les satisfait pleinement.

Quant à moi, on ne peut pas parler plus nettement, plus sincèrement, plus intelligiblement, ni avec plus d'ordre, sans pourtant dire trop clairement quelques principes, qui au lieu de faire du bien, feraient sans doute beaucoup de mal, si je les avais déclarés autrement, parce que ce mien petit Travail pourrait tomber entre les mains de plusieurs personnes, qui en pourraient mésuser au préjudice de leur salut.

Encore que toute la substance de ce petit Traité se puisse écrire en moins de cent paroles, je m'y suis beaucoup étendu, non pas pour m'ériger en Philosophe, d'autant que j'écris trop clairement pour cela, & avec des termes vulgaires que j'affecte contre l'usage des mêmes Philosophes, mais je l'ai fais ainsi exprès, afin que rien n'y manque de tout ce qu'on y peut désirer, & que ceux qui le liront n'aient point besoin d'interprète pour éclaircir les difficultés qui pourraient naître dans leur esprit.

Reste à dire que le travail de la Pierre n'est pas grand, que la dépense est très modique, & qu'il n'y a que le temps qui est long ; c'est pourquoi il faut faire bonne provision de patience & ne se pas ennuyer, & devant que de commencer, se dégager du soin de toutes affaires temporelles autant qu'on pourra.

# DISCOURS PRELIMINAIRE SUR LA PIERRE DES SAGES.

La Science Hermétique est si cachée, qu'elle s'appelle avec raison, la Science de la Philosophie secrète ; les autres Sciences s'apprennent par la lecture des Livres, d'autant qu'ils sont composés de termes ordinaires & intelligibles, mais celle-ci ne peut être comprise par la lecture mille fois réitérée de ceux des Philosophes, d'autant que leurs termes ne se doivent pas prendre à la lettre, mais mystiquement, par similitude, allégoriquement, & énigmatiquement.

La science d'*Hermès* s'appelle la science secrète, & pourquoi.

Comment il faut expliquer les Livres des Philosophes.

Si est-ce pourtant que grand nombre personnes s'y attachent, les uns par curiosité, les autres dans l'espérance d'y rencontrer de l'utilité. Encore s'ils ne faisaient tous que lire & tâcher de pénétrer le sens des Livres des Sages, cela serait en quelque façon tolérable, mais la plupart consomment leurs biens, & ensuite ceux des autres, à travailler & à chercher ce qu'ils ne trouveront jamais.

Abus des Chimistes, Souffleurs & Chercheurs.

En bonne foi, tous ces gens me font pitié de s'attacher si opiniâtrement à chercher avec tant de frais, & de perte de temps, & à vouloir faire une chose qu'ils ne savent pas, ni même le moindre des principes. Dans tous les Arts il faut bien savoir, les principes & le moyen d'opérer, & celui-ci qui est l'Art des arts, ils le veulent entreprendre, sans en savoir ni le commencement, ni le progrès, ni les moyens de conduire leur ouvrage a une due & raisonnable fin.

Cela est donc contre le bon sens, car tout homme prudent doit premièrement apprendre la Science s'il peut ; c'est-à-dire, les principes &

les moyens d'opérer, sinon en demeurera là, sans bien, & en outre celui des autres. Or je prie ceux qui liront ce petit Livre, d'ajouter foi à mes paroles. Je leur dis donc encore une fois, qu'ils n'apprendront jamais cette Science sublime par le moyen des Livres, & qu'elle ne se peut apprendre que par révélation divine ; c'est pourquoi on l'appelle Art divin, ou bien par le moyen d'un bon & fidèle maître : & comme il y en a très peu à qui Dieu ait fait cette grâce, il y en a peu aussi qui l'enseignent, d'autant que Dieu ne veut pas qu'elle soit su de beaucoup de personnes, & que ceux qui la savent doivent lui répondre de la probité de leurs disciples, c'est ce qui a mu les Sages à la laisser à la postérité voilée de divers nuages, & de divers termes ambigus & mystiques, de comparaisons, similitudes, analogies, de métaphores, de fables, & de diverses confusions, dont ils se sont adroitement avisés & servis, sans jamais rien dire que de véritable.

La science d'*Hermès* est nommée Art divin.

On ne peut apprendre la Science d'*Hermès*, que par révélation ou par un maître.

Les Sages ont écrit en termes ambigus.

Ils ne l'enseignent donc pas de suite comme font tous les autres Auteurs, mais en confusion & sans ordre mêlant toutes les parties & différentes chose avec des termes différents, imposants cent noms différents à la même chose, & nommant d'un même nom diverses matières & divers sujets. Ils lui donnent divers noms suivant les diverses couleurs ou changements qui arrivent dans le progrès du travail : quand elle est au noir, ils la nomment leur airain ; quand elle a passé de la noirceur à la citrinité, leur or ; quand elle est venue à une troisième couleur, la fleur de l'or ; quand elle a encore passé outre, ils l'appellent ferment : & quand elle est au rouge parfait, le venin des Teinturiers.

Vues des Philosophes.

Divers noms de la Pierre.

Ils confondent la vérité avec beaucoup de choses inutiles & le plus souvent contraires ; ils font la même chose en donnant plusieurs

Dessein des Philosophes en écrivant..

régimes & donnant le change de l'un à l'autre, & tout cela pour cacher leur Science, & faire qu'elle ne soit sue que par les personne d'élite, par les gens de bien & d'un bon entendement, & pour en priver ceux qui pourraient en abuser & s'en servir à la perte de leurs âmes, & contre l'intention de Dieu

Les Sages n'en font pas la petite bouche, ils avouent franchement eux-mêmes, qu'ils n'ont écrit que pour les enfants de la Science : & que quand ils semblent parler le plus clairement, c'est alors qu'ils sont le moins intelligibles & le moins croyables ; c'est pourtant à quoi s'attachent les ignorants & les Sophistes qui travaillent sur, 1e Soufre, le Mercure, & l'Arsenic du vulgaire, & ils ne trouvent rien. Ils n'ont écrit, disent-ils, que pour donner à ceux qui ont, & ôter à ceux qui n'ont pas, suivant le dire de l'Ecriture : *Habenti dabitur ; ab eo autem qui non habet, etiam quod habet auseretur ab eo.*

Les Philosophes n'ont écrit que pour les enfants de la Science.

Ils disent que dans leur Art, on ne parle pas vulgairement : d'où s'ensuit qu'il n'y a rien de si fâcheux & dégoûtant que la lecture de leurs Livres, parce qu'on n'y peut rien comprendre sans avoir les clefs propres pour ouvrir les portes de leurs cabinets, qui sont au nombre de trois principales, outre quelques autres de moindre importance. Ces principales sont, la vraie matière, sa préparation, & le régime, lesquelles clefs, tous ces Chercheurs n'ont jamais trouvées chez les bons Artistes, & ne les trouveront point, sans les deux moyens ci-dessus.

Dans cet Art on ne parle pas vulgairement.

Il y a trois clefs principales & quelques autres de moindre importance.

Il n'y a qu'un régime.

La nature contient tout ce qui lui est nécessaire.

Ils ont donc enseigné plusieurs régimes, quoiqu'il n'y en ait qu'un ; ils disent prenez ceci, prenez cela, & il ne faut rien prendre ni ajouter ; car la nature contient en soi tout ce qui est nécessaire, & il ne faut point non plus ouvrir le vaisseau qui a été une fois scellé & fermé, jusqu'à ce que l'Artiste ait conduit son ouvrage à sa dernière perfection.

Ruses des Philosophes pour cacher leur science.

Ils confondent aussi souvent la matière avec leur mercure, parlant de sublimation, ils la nomment diversement. Ils feignent diverses opérations, séparation & divers poids qu'ils appellent tantôt d'une manière, tantôt d'une autre. Ils écrivent beaucoup de choses qu'ils ne font pas, par exemple lorsqu'ils parlent de la dissolution, distillation, descension, ablution & calcination de la Pierre, ils font un Chapitre à part de chacune, encore que ce ne soit qu'une seule & même opération, qu'ils ne font pas ; mais bien la Nature seule, avec l'aide de l'Art.

Quelques-uns, n'ont pas parlé du commencement ni de la fin de l'ouvrage & n'ont parlé que du milieu, d'autres n'ont parlé que du commencement, & d'autres seulement de la fin, & s'ils ont dit quelque chose des autres parties, c'est si peu, qu'il n'y a que les Savants & les yeux de Lynx qui s'en puissent apercevoir : d'où on doit conclure, que toutes leurs ruses, leurs adresse, & manières de parler énigmatiques, ne sont employées que pour aveugler les ignorants, rebuter les méchants, & détourner les uns & les autres du droit chemin de parvenir au but tant désiré : *Ut videntes non videant, & intellignts non intelliga*nt.

Pourquoi les Sages ont écrit comme ils ont fait.

Pour faire justice aux Sages, disons, qu'outre les raisons ci-dessus, il n'est pas raisonnable qu'ils enseignent leur Science autrement qu'ils font, d'autant qu'elle leur coûte beaucoup de temps, & de peine & d'étude, qu'ils prétendent en agissant ainsi que ceux qui désirent y parvenir, l'achètent au même prix qu'eux, si Dieu veut permettre qu'ils arrivent à ce grand bien : c'est pourquoi ils ont engagé leurs disciples, & ceux qui la savent, à

Pourquoi les
Philosophes
sont appelés
Sages.
garder inviolablement le silence, à être prudents & avisés à leur exemple, & à ne s'expliquer que par des termes ambigus & énigmatiques ; quoi faisant, ils acquerront le glorieux titre de Sages, qu'eux-mêmes n'ont mérité que par-là.

Pourquoi ils ont
donné divers
noms à la
Pierre.
Ils ont même donné divers noms à la Pierre, suivant les diverses couleurs : qui se font voir dans le travail, & même à cause qu'elle contient en soi plusieurs choses, & qu'elle est composée des quatre éléments ; & encore parce qu'elle a en soi des vertus & propriétés de toutes choses, soit minérales, végétales & animales, aussi bien que des corps célestes. Les envieux ont encore multiplié le nombre de ces noms, pour donner le change & faire errer ; mais tous ces envieux & ceux qui ne le sont pas conviennent d'un nom, qui est de l'appeler Pierre en son commencent, en son progrès, & en sa fin.

Pourquoi les
Philosophes ont
nommé leur art
du nom de
pierre.
Et pourtant elle n'est nullement pierre ni en l'un ni en l'autre état ; & pour dire ingénument la vérité, elle ne l'est qu'en puissance & en similitude, & non pas en nature : & d'autant plus qu'elle demeure au feu, dit *Arnaud de Villeneuve*, d'autant plus elle augmente en bonté, ce que ne font pas les autres pierres ni autres corps, car elles y sont brûlées & consumées ; mais au contraire, la Pierre des Sages est fondante au feu & y demeure volontiers, d'autant qu'il est sa nourriture & qu'il cause sa perfection, pour cet effet les Philosophes ont nommé pierre tout ce qui persiste au feu. Il faut encore dire une raison pour laquelle ils l'appellent pierre, c'est que sur elle comme sur une vraie pierre & solide fondement, ils établissent leurs richesses & leurs fortunes.

Pourquoi la
pierre demeure
volontiers au
feu.

Tant plus une chose s'éloigne de son principe, tant plus elle s'éloigne de sa perfection naturelle : l'eau d'une fontaine est très pure en son commencement & sortant de la source, mais elle prend & entraîne avec soi du limon & de la boue, en suivant son penchant & s'en allant dans une rivière. Il en est ainsi de toutes choses ; il n'y a que la pierre qui se perfectionne toujours, plus elle s'éloigne de son origine : car elle perd toujours de sa perfection & de son excellence, à mesure qu'elle rétrograde par la projection qui s'en fait sur les métaux imparfaits, & qu'elle retourne vers son principe.

Différence entre toutes les choses créées & la Pierre des Sages.

Malice des Sophistes contre la Science d'*Hermès*.

Ce qui a fait bien de la confusion & du désordre dans la Science d'*Hermès*, c'est que les Sophistes ont été la cause qu'elle a été fort décriée, ayant composé bon nombre de Livres remplis d'erreurs, qu'il ont autant malicieusement que faussement attribués aux Philosophes, à cause qu'après avoir beaucoup travaillé, ils n'ont pu faire aucune découverte :

Ce qui a décrié la Science des Philosophes.

& pour se venger, se sont avisés de ce moyen infâme pour ternir la réputation qu'ils s'étaient acquise ; & ceux qui ont lu les livres de ces Sophistes, les ayant voulu mettre en pratique, suivant ponctuellement tout ce qu'ils prescrivaient, & enfin se voyant abusés, ils ont dit que cette Science n'avait rien de vrai, ni de solide, & que ce n'était qu'une Science imaginaire, comme un conte fait à plaisir, afin d'entretenir les esprits faibles & crédules dans de grandes espérances ; nous témoignant par la que leur mépris provenait que de leur ignorance & du manque d'y avoir fait de bonnes & solides réflexions, ou d'avoir rencontré un maître qui eu la charité de les mettre dans le bon chemin.

D'autres ont beaucoup lu les vrais Livres des Philosophes qui ne doutent nullement de sa possibilité, & qu'il n'y ait des personnes qui l'aient conduite jusqu'à sa dernière perfection,

Tous les Savants croient la possibilité de la pierre.

& eux-mêmes croient la savoir sans avoir encore mis la main à l'œuvre, car ils disent qu'ils expliquent facilement les dires & manières de parler des Philosophes ; mais s'ils n'en savent pas d'avantage, j'estime qu'ils ne savent rien , parce qu'il est du tout impossible d'apprendre par les Livres la Science Hermétique, & que s'ils expliques quantités de choses de ces sortes de Livres, ils les expliquent suivant leur propre sentiment, & non conformément au sens caché des Philosophes, qu'il est très difficile de découvrit, sans avoir les trois clefs principales dont nous avons parlé ci-dessus, d'autant que ces Livres sont conçus sous des termes mystiques & non vulgaires.

Seul moyen d'expliquer les Livres des Sages.

L'ouvrage de la Pierre Philosophale s'appelle par excellence le grand Œuvre, & l'œuvre divin, d'autant que les hommes ne sauraient faire en nature aucune chose plus excellente, ni plus grande, tant pour conserver leur santé, que pour s'enrichir ; c'est pourquoi on peut à bon droit l'appeler un don de Dieu, qu'il donne à qui lui plaît, comme il fit à *Hermès*, & à quelques autres qui sont en petit nombre ; & c'est l'ordre de la Providence de Dieu, que tant plus une chose est relevée & a d'excellence, tant moins il y a de personnes qui en sont gratifiées ; il n'y a que quelques âmes d'élite dégagée des affections aux richesses & vanités du Siècle, qui possèdent ce grand bien, & qui en soulagent les Pauvres.

Pourquoi la Pierre s'appelle le grand œuvre & l'œuvre divin.

C'est un don de Dieu.

*Pauci quos aequus amavit Jupiter, aut ardens evexit ad aethera virtus.*

Ceux de cette élévation sont si rares, qu'on peut dire qu'il n'y en a presque point, d'autant qu'ils font des ouvrages d'une cause surnaturelle qui les rend capables d'un si grand bien, & d'en faire un bon usage pour sa gloire & le soulagement des Pauvres, car ainsi ils sont

Les Philosophes sont les trésoriers de la Providence divine.

- 13 -

faits les trésoriers de la Providence divine, auxquels Dieu inspire ses volontés pour les exécuter, ou leur présente les occasions pour cela ; c'est pourquoi les Sages ont dit : *aut sanctum invenit, aut sanctum facit.* D'où il faut conclure, que ceux qui par quelque occasion apprennent partie ou le tout de cette Science, sont empêchés d'y réussir par les Anges ou par les Démons, d'autant qu'ils en mésuseraient & emploieraient de si grands trésors contre l'intention de Dieu & à la perte de leurs âmes.

Il est encore appelé Œuvre divin lors de la partie du régime en laquelle l'âme de la pierre est jointe à son corps, parce que cela est fait en un moment, & dépend de Dieu seul & de la Nature en laquelle Dieu opère, comme nous dirons ci-après en son lieu. Il l'est encore, d'autant qu'il est la forme & la figure des Œuvres admirables de Dieu envers l'homme, & qu'il contient en soi toutes les excellentes vertus de tout ce qui est au monde. *Quam admirabilia sunt opera tua Domine, nimis profundae factae sunt cogitationes tuae ?*

On est donc convaincu, que cette Science est un don de Dieu, qu'il donne à peu de personnes, à cause de son excellence qui surpasse l'entendement humain & va au-delà de sa capacité, quoique quelques Philosophes l'aient appelé Jeu d'enfants & ouvrage de femmes ; ce qu'il faut entendre, après que le Mercure Philosophal est fait, & extrait du corps où il est enfermé, lequel il ne faut plus que conduire avec le Soleil & la Lune d'un régime à l'autre, & d'une qualité grossière à une plus subtile & plus spirituelle.

La manière de le faire, & de cette extraction, est aussi au-delà de ce que l'entendement humain eût pu penser ; Dieu l'a donné à quelques Philosophes, afin qu'ils s'en servissent pour sa gloire, & qu'ils connussent une étincelle de sa grandeur & de sa puissance, qui peut faire beaucoup de choses au-dessus de la Nature, & qu'il en serait en effet, comme qu'une Vierge enfanterait, que Dieu se ferait homme, & autres telles merveilles que nous enseigne la Foi Chrétienne.

Puisque la Pierre des Sages est un don de Dieu, & son régime aussi, sans la permission de Dieu la Nature & l'Art ne peuvent la faire, mais Dieu laisse agir librement les causes secondes ; la Nature ne la pouvant faire elle seule, parce qu'elle travaille toujours simplement, & qu'elle a son pouvoir limité qu'elle ne peut outrepasser, l'Art aussi ne pouvant rien faire de lui-même, ni donner les poids & proportions aux choses, d'autant que cela passe ses forces & ses connaissances ; mais lorsque la Nature est jointe à l'Art, & qu'ils travaillent de concert, elle est élevée à une perfection si étendue qu'elle passe l'imagination, & elle acquiert une puissance presque infinie.

L'Art de la pierre passe les forces de la Nature.

Et pourtant il faut savoir qu'ils ne peuvent rien faire sans le Mercure philosophal, qui est la base & le fondement de tout l'ouvrage, c'est pourquoi les Sages se sont particulièrement étudiés à le cacher ; quelques-uns même n'en ont point voulu parler dans leurs Livres, d'autres en ont dit un mot en passant & si succinctement qu'on ne s'en aperçoit presque pas ; il y en a qu'un qui en ait fait un Livre entier, mais avec tant d'obscurité qu'il n'y a que ceux qui le savent & le connaissent parfaitement, qui puissent comprendre ce qu'il veut dire ; nous en parlerons ci-dessous plus clairement que lui, pour la consolation des Enfants de la Sciences. Allons maintenant plus avant & parlons à fond de la Doctrine des Philosophes, & disons.

La nature & l'art peuvent faire l'ouvrage sans le mercure des Philosophes.

Pourquoi les Sages ont tant caché leur mercure.

Que Dieu a premièrement crée la Nature de rien par sa pure libéralité, bonté & volonté, en une certaine substance qui est appelée Quintessence, dans laquelle toute la Nature est comprise, & de laquelle substance divisée en trois parties, de la meilleure & plus pure d'icelle, le Très-Haut a fait les Anges, qui est la première ; de la seconde les Cieux, les Planètes & les Etoiles ; & de la troisième moins pure, il a fait le Monde inférieur.

La création du Monde.

C'est l'esprit de la Quintessence, c'est pourquoi ils sont appelés substances spirituelles.

C'est ce que doit entendre le Fils de la Science, non comme nous avons écrit, mais comme tout a été créé ensemble par la volonté de Dieu, sans aucune suite de productions, & sans aucune matière précédente qui regarde la succession du genre ; car autrement ce ne serait pas une création de l'unité, venant scientifiquement par création de rien en une véritable entité substantielle ; c'est pourquoi il faut que vous entendiez véritablement & scientifiquement, & non pas d'une façon vulgaire & commune, parce que nous parlons ainsi au regard de la Nature. Et quand tout cela fut fait, Dieu forma le premier homme du limon de la terre, & le fit à son image & semblance, lui inspira la vie, & ensuite le nomma Adam.

Ce que c'est que création.

Il est certain que ce premier homme a eu toutes les Science infuses, & la connaissance de tous les Arts dès le moment de sa création ; il savait donc tout ce que les causes secondes pouvaient faire dans tous les étages de la nature, c'est à dire, dans le Ciel, dans l'air, la mer & la terre, & ainsi il avait la connaissance des minéraux & des métaux, de leur origine, de leur progrès, & de leur fin ou perfection constitutive. Tubalcaim était forgeron de cuivre & de fer, comme témoigne le Texte Sacré : il vivait au commencement du Monde & était fils de Lamech, qui était la sixième génération depuis Adam. D'où il s'ensuit que le Soleil & les

Adam a eu toutes les Sciences infuses dès le moment de sa création, & les a enseignées à ses enfants.

Les Païens l'appellent Vulcain. La Nature n'avait pas fait les métaux & les minéraux au commencement, & pourquoi puisqu'elle les a fait dur depuis.

Eléments, & en un mot la Nature ne les avait pas fait en ce temps là, comme elle a fait depuis, d'autant qu'elle n'en avait pas encore eu le temps ; mais que Dieu les avait créés lui-même, en faisant le Monde inférieur.

Dès ce temps là on cherchait le minéraux & les métaux dans la terre ; & les enfants d'Adam se multipliant, ils s'écartèrent les uns des autres & firent divers Peuple & diverse Nations, & n'ayant tous qu'une même Langue, ils commencèrent d'en avoir & d'en parler diverses, lorsque leur témérité les porta à faire la Tour de Babel, de laquelle ils se désistèrent, quand ils virent qu'ils ne s'entendaient plus les uns les autres, étant allés chacun de son côté ; & ayant habité diverses contrées, ils firent des Villes aux lieux qu'ils jugèrent les plus propres, où ils s'exercèrent en toutes sortes d'Arts & de Sciences.

Comment se faisait le commerce au commencement.

Lors le commerce des hommes se faisait de bonne foi, par échange d'une chose à l'autre, & a duré ainsi jusqu'à la destruction de Troyes, comme nous assure *Homère* ; mais quand la mauvaise foi commença de se glisser parmi les hommes, & que les métaux commencèrent aussi à devenir plus commun, on s'avisa de faire de la monnaie, & ce fut *Janus* qui régnait dans l'Italie & qui associa au Royaume un nommé *Saturnus*, qui était venu dans un Navire, & fut le premier qui enseigna & fit graver de la Monnaie de cuivre, qui représentait d'un côté l'effigie de sa Tête & celle d'un Navire de l'autre, l'an du Monde 2032.

Invention de la monnaie & de l'art de graver.

Cette sorte de monnaie dura jusqu'en l'an 547 de la Ville de Rome, qu'on fit de la monnaie d'or, qui se nommait Ducat, à *Romano Ducatu* ; & dès lors, à son imitation, on en fit par tout le Monde & d'or & d'argent, & cette monnaie devint commune à toutes les Nations : & par

Quand la monnaie d'or a commencé & son premier nom.

Changement du négoce.

ainsi le négoce qui s'était toujours fait par échange d'une chose à l'autre, commença de se faire avec ces précieux métaux, qui ont été depuis le prix de toute choses, & le souhait, le principe & le but de l'avarice des hommes ; leur cupidité les fit entrer dans les Mines pour en tirer : ils y trouvèrent les autres métaux ; savoir, le plomb, l'étain & le mercure, que nous nommons métaux imparfaits, avec le cuivre & le fer, dont nous avons ci-devant parlé, comparés avec l'or & l'argent.

Invention de plusieurs métaux lors inconnus.

Comme chacun a son talent & son génie particulier, il se trouvait de temps en temps des hommes d'esprit, remplis de Science & de Doctrine, qui cherchaient les merveilles contenues dans tous les êtres. *Hermès* Trismégiste qui vivait selon la plus commune opinion du temps de *Ninus* l'an **2072** pénétra si avant dans les profonds secrets de la Nature, qu'il fut appelé le très grand Philosophe, & le Père de la Science Chimique & transmutation métalliques, & sa science a passé de main en main jusqu'à nous, & en tous les siècles il s'est trouvé des personnes qui ont eu cette sublime Science, & qui nous en ont laissé des connaissances particulières dans leurs ouvrages, mais toujours voilées de quelques énigmes, types & analogies, pour les raisons qu'ils nous déduisent dans leurs écrits, dont l'une des principales est le désordre que cela causerait par tout le Monde, si cette Science était publique comme les autres, & que chacun pût faire de l'or & de l'argent à sa volonté : d'où il s'en suivrait, que les autres Arts cesseraient, & que les terres mêmes demeureraient incultes, jusqu'à ce qu'on eût trouvé un autre moyen pour établir un nouveau commerce.

*Hermès* vivait l'an 2072.

Belle raison des Philosophes pour cacher leur science.

# CHAPITRE PREMIER.

## *De la Matière.*

**P**our cet effet ils se sont particulièrement étudiés à cacher la matière sur laquelle ont doit travailler à cet Ouvrage divin, sa préparation & le régime du feu ; les hommes d'esprit de toutes professions l'ont cherché pendant tous les Siècles en différents sujets, croyant, comme il est vrai, que dans tous les mixtes, les trois principes naturels y sont contenus ; savoir, sel, soufre & mercure : mais il est vrai aussi, qu'ils sont si éloignés, qu'il ne faut pas s'étonner si ces gens ne sont jamais venus à bout de leur intention.

*Dans tous les mixtes les trois principes sont contenus.*

Ils se sont avisés de travailler sur les animaux, sur les urines, & même sur des choses mécréantes à nommer, & ils n'ont rencontré au bout de leurs diverses opérations chimériques, que de la corruption ; & ce qui les a abusé, c'est que les Philosophes ont dit que la matière était triviale & commune, & que nous la voyons & touchions tous les jours, & qu'autant en a le pauvre que le riche : ils disent tous vrai ; car par ces paroles ils entendent les éléments, qui sont la matière dont se sert la Nature, pour faire celle de la Pierre ; mais ceux qui ne savent pas expliquer les manières de parler des Philosophes, les prennent dans le sens littéral, & c'est en quoi ils se trompent, car il les faut expliquer tout autrement.

*Abus & ignorance des Chimiques & Sophistes.*

*Il ne faut pas expliquer les Philosophes suivant le sens littéral.*

Il faut encore savoir qu'il y a deux matières de la Pierre ; savoir la prochaine qui est l'argent vif ; & la matière éloignée qui est l'eau, d'autant qu'elle a été eau auparavant d'être argent vif. Que tous ceux donc qui la cherche dans les ordures comme les porcs, que

*Il y a deux matières de la pierre.*

Ce qui rend
l'homme
Philosophes.

*Pontinus* appelle fils de bêtes, s'aillent cacher, s'ils ne veulent s'exposer à être sifflés & rayés du nombre des raisonnables ; que ceux qui la cherchent dans les végétaux, minéraux & animaux, reconnaissent leur erreur, autrement ils ne mériteront pas le nom de Philosophes, puisqu'ils ne savent pas raisonner, ou s'ils le font en quelque manière, c'est comme les Aveugles lorsqu'ils parlent des couleurs.

Il faut que celui
qui désire être
Philosophes
étudie la
Nature.

Qu'ils reconnaissent donc leur ignorance ; & pour s'en guérir, qu'ils étudient la Nature, & ses opérations, ils apprendront en quel lieu se rencontre ce qu'ils cherchent, qui n'est pas dans les vilenies & dans les corruptions ; qu'ils sachent qu'il ne faut pas chercher une chose où elle n'est pas.

Chaque chose
porte sa
semence pour la
conservation de
son espèce.

Qu'ils ouvrent les yeux de l'entendement & qu'ils considèrent comme la Nature s'est perpétuée, multipliée & augmentée depuis le commencement du Monde, & s'augmente toujours en se reproduisant. Qu'ils voient, dis-je comment cela se fait, ils verront que chaque chose porte sa semence, le végétal dans chaque espèce, comme le blé froment fait le froment, le seigle fait le seigle, l'orge, & ainsi des autres végétaux ; de même l'homme fait l'homme ; le chien le chien, & chaque animal conserve son espèce en sa semence, & par sa semence. De sorte que si tu veux faire de l'or & de l'argent par le moyen de la Nature aidée de l'art, sème de l'or & de l'argent dans le Jardin des Philosophes, & tu en feras par ton travail, en bien moins de temps que la nature seule ne le fait dans les entrailles de la terre. Ecoute le Poète *Augurel* : *in auro Semina sunt auri quam vis abstrusa recedant longius, & nobis multo quaerenda labore.*

Celui qui désire
faire la pierre
doit prendre la
semence de l'or
& de l'argent.

Prends aussi de la semence de la Lune pour faire le mariage Philosophal tant désiré &

Le mariage philosophal d'où naît le mercure des Sages.

Les poids des Philosophes sont les proportions que l'esprit humain ne peut faire.

Sans le mercure des Sages rien ne se peut faire.

La matière de la pierre

si caché par les Sages, qui est la matière de la Pierre toute préparée, avec les poids & proportions que la Nature y a mises & unies ensemble d'elle-même ; & c'est ce que les Sages disent, que l'esprit humain ne peut concevoir, ni ne peut faire, & ce mercure Philosophal est le Ciel terrestre des Hermétistes ; & c'est à lui à qui il faut attribuer la plupart de ce qu'ils disent dans leurs écrits, parce que sans lui rien ne peut se faire, & que c'est lui qui fait presque tout l'ouvrage avec l'aide de l'art, & la prudence de l'Artiste ; & cette semence n'est pas la semence d'un or fait, mais à faire, ni de l'or vulgaire, mais d'un or spirituel & Philosophique.

Encore un coup, que ces Chercheurs prennent la matière où elle se trouve, & non dans les vilenies & les corruptions, & ils se souviennent que c'est pêcher contre le bon sens, que de prétendre donner la perfection aux métaux imparfaits, par des choses qui ont moins de perfection qu'eux, ou par des choses qui sont d'autre nature & d'autre espèce que lesdits métaux, avec lesquels elles ne peuvent avoir de liaisons & d'union parfaite.

D'autres ont travaillé sur les Minéraux, comme Marcassites, Aluns, Arsenic, Tuthies, Vitriols, Antimoines & semblables ; quelques-uns sur des Champignons, d'autres sur la rosée des Equinoxes, & d'autre tels sujets ; mais tout cela ne leur a produit que bien de la peine, la perte de beaucoup de temps, & bien de la dépense inutile & du déplaisir. D'autres plus raisonnables ont travaillé sur les métaux, mais ils se sont servis de diverses eaux fortes & corrosives pour les dissoudre, sans considérer que toutes ces eaux sont destructives, qu'elles gâtent, infectent & empoisonnent les substances métalliques ; & qu'ainsi, pour édifier & faire un ouvrage, ils emploient des choses

contraires, ce qui est aussi contre le bon sens, &
tout homme qui se servira de chose
corrompantes & adustibles, sera toujours
réputé aveugle en cette Science ; mais il faut se
servir d'une substance pure, & qui persiste au
feu sans combustion.

Il est vrai, suivant tous les bons Auteurs,
que la vraie matière de la Pierre des Sages, doit
être de Racine métallique : ainsi tous ceux qui
travaillent sur d'autre matières, & sur des
matières éloignées, ne feront jamais le grand
œuvre, quoique les trois principes naturels se
trouvent dans tous les mixtes, parce que cela
est trop éloigné, & que les diverses préparations
qu'on y emploie, détruisent & ne sont pas
conformes à la simplicité avec laquelle la
Nature travaille, & fait ses opérations ; ce qui
est particulièrement & expressément ordonné
de faire par les Philosophes, & que la matière la
plus proche, & qui est de la même nature que ce
que nous prétendons faire, doit plutôt être
choisie que toute autre, outre qu'elle n'a pas
besoin de tant de préparations & d'opérations,
ne de faire un si long & dangereux voyage.

Pour bien comprendre cela, il faut savoir
que tous les métaux sont faits & procréés dans
le terre par la Nature seule, & d'un seul &
même Mercure, qu'elle fait & qu'elle anime d'un
seul & même Soufre ; mais les empêchement
qu'elle rencontre par les chemins, qui sont les
impuretés des matrices ou veines de la terre
par où elle pousse son mercure & son soufre,
spécifient chaque métal dans la terre par une
particulière Providence de Dieu, qui les a jugé
nécessaire à divers usages pour la commodité &
l'utilité des hommes.

C'est pourquoi ils sont tous appelés
métaux imparfaits, comme si on disait qui ne
sont pas fait, ni achevés de faire, mais à

parfaire, & ainsi ils désirent & attendent toujours la perfection, étant en chemin pour l'acquérir ; ce qu'ils ne peuvent que par l'Elixir ou la Pierre parfaite au blanc ou au rouge, parce qu'ils sont morts dès le moment qu'ils sont détachés de la Minière ; mais l'Elixir est vivant & anime le Mercure de tous les métaux, étant leur semence, & fait une espèce de résurrection semblable à peu près à celle qui se fait par diverses semences des végétaux.

L'élixir anime le mercure des métaux, parce qu'il est leur semence.

La première matière des métaux est argent vif & soufre.

La première matière des métaux est donc argent-vif & soufre, qui ne le sont pas en leur nature, mais altérés ; ainsi la première matière des métaux est proprement une vapeur onctueuse & humide, qui contient en soi la nature de l'argent-vif & du soufre : d'où il s'ensuit que toute chose de laquelle on peut extraire une telle vapeur onctueuse semblable à celle dont les métaux sont procréés dans la terre, peut être la matière de laquelle l'Elixir ou la Médecine qui perfectionne les métaux imparfaits doit être prise ; ce qui pourtant ne se peut faire, si cette même chose n'est putréfiée par une longue digestion & décoction, & n'est élevée à une autre nature.

La matière première.

Sujets sur lesquels les Curieux ont travaillé.

Explication de la pierre minérale, végétale & animale.

Les curieux de cette Science ayant lu les Livres des Philosophes & appris que la Pierre était minérale, végétale & animale, ont travaillé sur ces divers sujets, comme nous avons dit ci-devant. Il est vrai qu'ils l'appellent végétale, lorsque le verdeur paraît, & qu'ils l'ont nommée animale lorsque l'âme est jointe à son corps & à son esprit, parce qu'ils disent que pour lors elle est animée ; mais ces Messieurs ne considéraient pas que ces termes sont dits comparativement, car la Pierre n'a pas une vie semblable à celle des végétaux ni des animaux, mais il faut interpréter cela selon le sens susdit des Sages ; & encore que quand la Pierre est parfaite au blanc ou au rouge, elle est une

Médecine, sur les minéraux, les végétaux & les animaux.

Les Métaux ne croissent point, parce que précisément ils n'ont point de vie ; ils ne se nourrissent point aussi, car n'ayant que le simple être, ils ne peuvent produire ni engendrer d'eux-mêmes ; & quand ont dit que les métaux sont mort, c'est une façon de parler qui veut dire qu'ils sont détachés de la Mine où ils avaient une espèce de vie, ou une vie en similitude par le moyen d'un esprit qui s'y attachait & s'y joignait par les exhalaisons que la Nature leur envoyait du centre de la terre. Une personne curieuse peut entrer dans les Mines, & là contempler avec attention ce qui s'y fait, pour bien concevoir les secrets de la Nature. Il y verra comment les métaux sont formés, il y apprendra que les maladies des Métaux imparfaits, ne sont autre chose qu'une humidité superflue adhérente au Mercure, & un soufre combustible tenant au soufre naturel & incombustible, que nous avons dit ci-dessus, être les impuretés des matrices ou veines de la terre ; disons en un mot.

*Les métaux n'ont point de vie.*

*Ce qu'on veut dire quand on dit que les métaux sont morts.*

*Ce que c'est que la vie des métaux.*

*Ce que c'est que les maladies des métaux.*

# CHAPITRE II

## *Les Minéraux & Métaux.*

Les corps Minéraux se distinguent spécialement en deux parties ; savoir en la métallique, c'est à dire en métaux, qui sont prochainement faits de mercure, & sont nommés grands minéraux ; comme, or, argent, cuivre, étain, plomb, fer & vif-argent. Et en la partie minérale qui n'est pas faite de mercure prochain, mais d'un mercure éloigné, comme sont les sels, les attramens, aluns, vitriols, arsenics, orpiments, antimoines, soufres & semblables, qui sont appelés petits minéraux, & qui à cause de l'éloignement de leur mercure, ne peuvent servir de matière pour l'ouvrage des Sages.

Pourquoi les
petits minéraux
ne peuvent être
la matière de la
pierre.

Les métaux se réduisent en leur liqueur ou en eau, parce que leur matière est eau, & une eau mêlée fortement avec une substance terrestre qui ne se peuvent facilement séparer l'une de l'autre, si ce n'est avec un feu fort étendu, & selon qu'ils sont plus ou moins mêlés & unis, & qu'ils ont plus ou moins de soufre combustible, c'est-à-dire de pureté ou d'impureté ; pour faire voir que leur première matière est argent-vif ou mercure, lorsqu'on les veut faire fondre, ils se réduisent en forme de mercure ; or toute chose est de ce en quoi elle se convertit, comme la glace moyennant chaleur, se réduit en eau, d'autant qu'elle a été auparavant & prochainement eau devant que d'être glace.

Toute chose est
de ce en quoi
elle se
convertie.

Les petits minéraux ne sont pas faits d'un mercure prochain comme les métaux, mais d'un mercure éloigné ; & lorsqu'ils sont mis au feu, ils ne se réduisent pas en mercure, c'est ce qu'ils feraient s'ils en étaient prochainement, mais il n'y a que leur sel ; c'est pour cela, quoiqu'ils participent en vertu minérale avec les métaux, qu'ils ne peuvent par quelque artifice que ce soit, être réduits en métaux, étant d'une autre nature & espèce, & ne participant point avec eux en leur matière prochaine. D'où il faut conclure, que ces petits minéraux ne se peuvent parfaitement unir avec les métaux, & ne peuvent donner aucune teinture permanente, d'autant qu'il n'y a que la même nature & la même espèce qui se puisse parfaitement unir.

Il n'y a que le sel des minéraux qui se réduit en mercure.

Les petits minéraux ne peuvent teindre parfaitement les métaux, & pourquoi.

Ils font bien une espèce d'union apparente, mais fausse, & qui se sépare lorsqu'on leur donne l'épreuve ordinaire, & par-là on reconnaît la vérité de l'axiome : *Nihil convenit rei, nisi quod propinquius est ei.* Et quand on veut unir deux choses de diverses natures & espèces, l'une chasse l'autre naturellement, ou bien la nature ne produit que des monstres & des faussetés défendues par les Lois. Et si ces corps étranges pouvaient donner une teinture fixe & permanente, ils donneraient à la leur & non celle du Soleil ou de la Lune, parce que chaque chose produit son semblable ; c'est pourtant ce que prétendent faire contre la raison & la vérité, les Sophistes, les Ignorants & un nombre infini de Souffleurs, en quoi ils ressemblent les Aigles bâtards, dont les yeux ne peuvent souffrir la splendeur du Soleil.

Toutes teintures sont fausses excepté celles du Soleil & de la Lune.

Si les teintures d'une nature étrange pouvaient teindre u métal, elles lui donneraient la leur & non celle de l'or & de l'argent qu'elles n'ont pas.

Je demeure pourtant d'accord que le soufre des corps imparfaits, peut arrêter le mercure en corps imparfait, mais non pas en parfait ; car une chose ne peut donner ce qu'elle n'a pas, ce que les Philosophes bâtards prétendent opiniâtrement pouvoir faire ; mais tout homme de bon sens, sans être Philosophe, leur peut donner hardiment le démenti & leur faire connaître leur ignorance crasse.

Le soufre des corps imparfaits peut fixer le mercure en corps imparfait.

J'avoue encore que les petits Minéraux peuvent purger & dissoudre les métaux, & leur donner une forme accidentelle & superficielle pour abuser les hommes ; mais ils ne peuvent, comme j'ai dit ci-dessus, leur en donner une fixe & permanente ne pouvant s'unir parfaitement avec eux à cause qu'ils sont de diverses espèces & de diverses natures. *Hermès* tranche le mot, disant, qu'il n'y a point de vraie teinture que du Soleil & de la Lune, c'est-à-dire du Soleil & de la Lune des Philosophes.

Il n'y a point de vraie teinture que de Soleil & de Lune.

Faussetés des Sophistes & comment il les faut traiter.

Ce qui manifeste l'erreur des Souffleurs & des Sophistes, & qui doit faire précautionner ceux qui ont de l'esprit & du jugement contre ces sortes de gens, qui ne leur prêchent autre chose que des secrets pour s'enrichir, que des teintures fixes sur la Lune, & des fixations de mercure dans les deux luminaires, afin de tirer l'argent de ceux qui sont curieux des belles choses, & notamment de la Science Hermétique ; mais le seul moyen de fixer le mercure de leur tête, est de les traiter de mépris, pour les obliger de s'employer dans une profession plus honnête que celle d'affronteurs publics. Or je soutiens, que puisqu'il n'y a point de vraie teinture, ni de fixation parfaite au blanc ou au rouge, que celles qui se font par le moyen du Soleil & de la Lune des Philosophes ; qu'il n'y a aussi aucun secret pour faire Soleil ou Lune, c'est-à-dire vrai or ou argent Philosophique, que la pierre blanche ou rouge des même Philosophes.

Il n'y a aucuns secrets vrais pour faire or ou argent, que la pierre.

Il y a une grande erreur parmi les gens qui s'imaginent savoir quelque chose dans les secrets de la Nature, & notamment dans la métallique, qui est qu'ils croient que ce qui est à présent plomb, dans un grand temps deviendra étain, cuivre, argent & enfin or parfait, & que ce qui est à présent or, a passé par tous ces degrés : mais s'ils avaient bien conçu, comme

Erreurs des ignorants touchant les métaux.

j'ai dit ci-devant, que c'est l'impureté des matrices ou veines de la terre qui spécifie & distingue les métaux, & que dans la suite des temps la nature poussant toujours son mercure & son soufre vers la superficie de la terre, ne peut faire autre chose, que de faire métal de quelque espèce que ce soit les terres proches ce qu'elle a déjà fait tel & tel métal.

Et s'il se trouve dans les Mines de plomb ou d'autre métaux, quelques peu d'or ou d'argent ; il faut savoir que cela se fait, parce que la Nature a trouvé telle terre plus pure que le reste de la Minière, & ainsi plus disposée par sa perfection à recevoir telle forme métallique meilleure & plus excellente que le reste de la Mine ; & ce qui leur a pu donner lieu d'avoir une telle pensée, doit aujourd'hui les détromper, & les faire entrer dans la connaissance & dans les sentiments de la vérité que nous avons avancée.

D'où vient que dans les Mines de plomb il se trouve quelquefois de l'or & de l'argent.

L'or Philosophal a été argent devant que d'être or, & pourquoi.

Je ne nie pas que l'or fait par l'art de la Philosophie secrète, n'ait été argent auparavant qu'il soit devenu or, d'autant que l'un & l'autre sont sous un même sujet ; mais celui qui a été fait par la Nature n'est pas de même, à cause des empêchements qui s'y sont rencontrés qui ont spécifié chaque métal, quoiqu'ils soient tous provenus d'un même soufre & d'un même mercure. Il est vrai qu'après avoir préparé les métaux, on peut leur donner des teintures qui les font paraître or ou argent ; mais ce ne sont point encore un coup, des teintures fixes ni permanentes, ni pénétrantes leur intime, mais seulement superficielles ; c'est pourquoi lorsqu'on les expose aux épreuves ordinaires, tout s'en va en fumée : ainsi, il faut rejeter le faux, & s'attacher fortement à la vérité, en travaillant toujours conformément à la nature, & non autrement.

Comment
l'élixir convertit
les métaux en
or ou en argent.

A présent il est bien aisé de comprendre comment l'Elixir ou la pierre parfaite au blanc ou au rouge, donne & communique sa perfection aux métaux imparfaits, & leur donne une teinture fixe & permanente, & fixe leur volatilité, qui résiste ensuite à toutes épreuves de quelque nature qu'elles puissent être ; cela se fait parce que ces teintures fixes ont pénétré l'intime & l'occulte des métaux imparfaits, non seulement par leur perfection, mais leur plus que perfection, car l'Elixir est bien élevé au-dessus de la perfection ordinaire par sa spiritualisation ; & s'il n'avait que la perfection ordinaire comme l'or vulgaire, il ne pourrait communiquer aux imparfaits que la perfection ordinaire, encore ce serait avec la perte de la sienne propre, comme fait l'or minéral mêlé avec un métal imparfait, d'autant qu'il n'a qu'une simple perfection, que lui a donné la Nature, qui ne travaille que simplement sans pouvoir jamais s'étendre plus loin.

D'où vient que
l'or commun &
minéral ne peut
convertir les
métaux en or.

La grande extension de perfection de l'Elixir se communique donc aux métaux imparfaits, à proportion qu'elle a d'élévation lorsqu'il est projeté sur eux, & qu'ils sont réduits en forme mercurielle, c'est à dire lorsqu'ils sont fondus, si ce sont les métaux mous ; mais si ce sont les durs, il ne faut que les enflammer & faire comme il sera dit ci-après, lorsque nous traiterons de la projection. Si les mous sont donc fondus, l'Elixir projeté sur eux en très petite quantité, sépare ce qu'ils ont d'impuretés & se communique à leur pur, qui est leur mercure & bon soufre, achève de leur donner la coction parfaite qui leur manque, les teint d'une teinture invariable, & les fixe parfaitement : & si on appelle cela transmutation de métaux, c'est parler improprement ; mais c'est proprement &

L'Elixir fait la
séparation du
pur & de
l'impur des
métaux, &c.

vraiment purgation, fixation, teinture & perfection de métaux imparfaits.

Il faut maintenant savoir pour la parfaite intelligence du commencement de l'ouvrage Philosophique & du choix de la matière, que puisque tous les métaux sont de la quintessence & de la même nature ou principe du métal parfait, duquel ils ne diffèrent que de pureté & de coction, que tous les métaux peuvent servir de matière à notre ouvrage, quand ils auront été purgés & préparés comme il est nécessaire, c'est-à-dire qu'ils auront été réduits en leur principe & première matière, qui est leur mercure.

Tous métaux excepté seulement le mercure, peuvent servir de matière à la pierre.

Beaucoup de personnes se sont trompées en travaillant sur le mercure ordinaire, comme étant du nombre des métaux, & ce semble une matière plus prête & plus commode que les autres ; ils se sont dis-je trompés, parce qu'il est tout volatil & qu'il n'a rien de fixe ; car il faut que la matière propre & convenable pour faire le grand œuvre, soit nécessairement en partie fixe & en partie volatile : & ainsi, le mercure commun peut seulement servir pour recevoir la projection de l'Elixir parfait, comme étant de la quintessence, de la nature, & du nombre des métaux. Il faut donc tirer le mercure du métal, qui est sa quintessence, & par ce moyen vous aurez la matière prochaine de l'œuvre des Philosophes, parce qu'il est fait Mercure philosophal, c'est-à-dire, purgé, préparé & extrait de Racine métallique par art de Philosophie qui rejette toutes eaux fortes.

Pourquoi le mercure ne peut être la matière de la pierre.

Le mercure commun peut servir à la projection, & pourquoi.

Matière prochaine de la pierre.

Ou bien vous serez comme il est dit dans le *Livre de la Toison d'or*. Notre corps deviendra premièrement cendre, puis sel, & après par ses diverses opérations devient enfin le Mercure philosophal, c'est-à-dire, que le métal doit être calciné, réduit en sel, & enfin travaillé en sorte

Manière d'avoir le mercure des métaux.

Il n'y a que les sels métalliques qui soient propres pour faire la pierre.

Il n'y a que le sel marin qui s'unit bien avec l'or.

qu'on en fasse le mercure Philosophal : sur quoi il est nécessaire de savoir, qu'il n'y a que les sels métalliques qui soient propres à l'ouvrage, & que tous les autres en doivent être exclus pour les raisons ci-dessus alléguées ; & d'autant qu'ils ne peuvent s'unir parfaitement avec l'or, à la réserve de celui de l'eau de mer, ou sel marin.

Encore que je vous ai ci-dessus enseigné plusieurs voies certaines pour arriver à l'Elixir parfait, néanmoins ce n'est pas de cette matière & de ce mercure dont les Philosophes se sont servis pour faire leur grand œuvre ; leur matière & leur manière est bien plus facile & moins embarrassante que les précédentes : & pourtant, il n'y a qu'une matière & un chemin, car ils sont homogènes, quoiqu'ils semblent tous différent ; la matière de laquelle les Philosophes se sont servis quoique homogène avec celles ci-dessus, encore un coup n'est pas de même, en quoi plusieurs s'abusent grandement, parce que l'intention de la Nature & de l'Art sont bien différentes.

La matière des Philosophes est autre que les précédentes.

L'intention de la nature & de l'art sont différentes

La Nature prétend engendrer les métaux, comme vraiment elle fait avec un fort longtemps, l'Art ne prétend pas cela ; mais faire chose bien plus excellente que la Nature, qui est, de faire une Médecine, qui convertit en peu de temps les corps imparfaits, en vraie Lune ou vrai Soleil ; c'est pourquoi l'Art se sert d'autres voies & manières & d'autre matière, quoique pourtant il imite la Nature en quelque façon, se servant comme elle de semence ; savoir, la Nature, des principes naturels & des quatre éléments, & l'art, de la semence de l'or Philosophal : l'Art commence à travailler où la Nature a fini son opération, en commençant à lui aider, & faisant ensemble le mercure des Sages, qui est la première sublimation, exaltation, subtiliation ou amélioration de la

La nature se sert d'une matière à l'art d'une autre.

pierre, dont la matière éloignée est un composé qui contient les quatre qualités élémentaires, comme dans un tempérament d'égalité, & la matière prochaine, est le mercure & le soufre.

Et lorsque les Philosophes disent qu'il naît en l'air, ce n'est pas de la matière faite par la Nature & de laquelle elle se sert, dont ils entendent parler, mais de celle que fait l'Artiste, qui est le mercure Philosophal, lequel vraiment naît en l'air, & se fait par la Nature & l'Art unis ensemble, & s'appelle encore la matière de la pierre, faisant confusion de l'une avec l'autre ; ce qui se fait & se doit faire par destruction réitérée en résolvant & sublimant, & au même temps qu'on fait la séparation du pur & de l'impur, & du subtil d'avec l'épais de la matière, & aussi du Soleil & de la Lune ; ce que les Sophistes ne peuvent faire, mais il faut être bon Philosophe, pour extraire comme il faut les puissances de la Nature, dont il résulte une quintessence merveilleuse qui contient toutes les perfections de cette Nature.

*Le mercure philosophal comment se fait.*

Et quoique les Philosophes ne parlent que du mercure & du soufre, qui sont deux des principes de la Nature, & qu'ils ne disent rien du sel, qui est le troisième : il y est sous-entendu, d'autant que c'est lui qui fait la liaison des deux autres, & c'est de lui qu'ils entendent parler, quand ils disent nôtre terre, ou nôtre corps terrestre. Voyons ce qu'en disent les Philosophes anciens & Modernes, & commençons par le chef & le père des autres ; c'est-à-dire, par *Hermès* Trismégiste.

*Le sel est le corps terrestre dont parlent les Philosophes.*

Il dit que ce qui est dessus est semblable à ce qui est dessous, & que ce qui est dessous est semblable aussi à ce qui est dessus ; & que comme toutes choses ont été faites d'un, ainsi tout le magistère de la pierre se fait d'une seule substance & d'une seule matière. Il entend par ces termes cachés du dessus & du dessous qui sont semblables l'un à l'autre, le fixe & le volatil, le mercure & le soufre, qui sont d'une même substance, & ne font eux deux qu'un composé, qui se nomme *Rebis* ; c'est-à-dire, une chose qui est faite de deux substances homogènes. Et ce mercure & ce soufre, ne sont pas le mercure & le soufre du vulgaire, mais le mercure & le soufre des Philosophes ; & ce mercure tout seul, ou ce soufre tout seul, ne peuvent pas être la matière de la pierre, mais bien étant unis ensemble par l'opération de la Nature, & non par celle de l'Artiste, ni de l'Art & de la Nature unis ensemble : & comme il y a la pierre blanche & la pierre rouge, il faut conclure comme le docte *Abbé Sinésius*, que l'une & l'autre sont sous un même sujet ; & ne proviennent que d'une même & seule matière.

*Artéphius* commence son Livre par la matière de notre Ouvrage, disant, l'antimoine est des parties de Saturne, & a en toutes manières sa nature, & dans cet antimoine Saturnin, le Soleil & la Lune s'y submergent, c'est-à-dire s'y précipitent, s'y joignent & s'y unissent, & ne paraissent jamais qu'après la fixation parfaite. Par ces termes énigmatiques, il dit la même chose qu'*Hermès* ; ce que je n'explique pas d'avantage exprès pour vous donner lieu de pénétrer dans sa pensée vous-même, & pour vous y aider : il suffit d'avoir marqué, qu'il dit la même chose.

Le docte *Abbé Sinésius*, veut que la matière de la pierre soit un *médium* entre le métal & le mercure, qui soit en partie fixe & en partie volatile : autrement, dit-il, il ne tiendrait pas le milieu entre le métal & mercure. Celui-ci est bien plus clair & plus intelligible, & dit encore la même chose.

*Flamel* veut que ce soit deux dragons, dont l'un a des ailes & l'autre n'en a point ; il les explique lui-même, l'un être mâle & l'autre femelle ; l'un le fixe & l'autre le volatil ; l'un le soufre & l'autre le mercure, qui ne sont pas le soufre & le mercure du vulgaire, mais ceux des Philosophes également proportionnés par la Nature seule sans la participation de l'Art, d'autant que cela surpasse les forces de l'entendement humain, en quoi plusieurs s'abusent, qui ne peuvent savoir les proportions requises, ou se servent d'autre matière que celle des Philosophes.

Les hommes ne
peuvent savoir
les poids &
proportions du
mercure & du
soufre.

*Philalèthe* étant le dernier qui a écrit, est aussi le plus intelligible : il dit, qu'il y a une chose dans le règne métallique si excellente pour faire la Pierre des Sages, que celui qui sait la prendre dans le temps de sa naissance, n'a que faire de se mettre beaucoup en peine, d'autant que le Soleil & la Lune des Philosophes y sont plus proches que dans le Soleil & la Lune du vulgaire : en un mot, c'est-à-dire, que c'est là le grand secret des Philosophes, qui fait un Elixir bien plus parfait que celui qu'on peut faire avec autre chose ; & quoique les Sages semblent se contrarier, ils sont pourtant d'accord, & disent tous la même chose sous des termes différents & manières de parler qui leur sont particulières, & qui en entend un parfaitement, peut expliquer facilement les autres ; c'est ce qui m'a fait mettre ici leurs dires & manières de parler touchant leur matière.

Puisque tous les Sages disent la même chose à l'égard de leur matière, & que ce que j'ai ci-devant avancé des métaux & des sels métalliques l'est aussi, & qu'il n'y a & ne peut y avoir qu'une seule matière sur laquelle l'art emploie son industrie pour la rendre à la fin un Elixir, ou la Pierre des Philosophes parfaite au blanc ou au rouge ; il s'ensuit nécessairement que tout ce que j'ai dit ci-dessus, & ce que les Sages disent, n'est qu'une matière homogène revêtue pourtant de diverse formes accidentelles, qui subsiste sous ses formes sans la destruction de la forme substantielle & altération de la substance.

Il est bien vrai, que l'Art détruit le mercure depuis la tête jusqu'aux pieds, & l'élève aussi depuis les pieds jusqu'à la tête, en forme plus subtile d'une substance naturelle qu'elle n'était auparavant ; mais cela ne se nomme pas proprement destruction, mais bien amélioration.

La Pierre des Sages est une, sa matière est unique, quoique de plusieurs choses, & ne se peut trouver en autre chose du Monde, & il n'y a rien qui en approche en tout cet Univers ; elle est la matière première de tous les métaux ; elle est un mixte de terre & d'eau animé de l'esprit de la quintessence & des influences du Ciel. Elle est faite par la Nature sans que l'Art y ait contribué : & comme la Nature agît toujours simplement, l'Art doit l'imiter autant qu'il peut, c'est pourquoi il l'a prépare pour la perfectionner par une seule manière, la réduisant en une quintessence si admirable, qu'à la fin il l'a pousse jusqu'à une perfection si étendue qu'elle est faite une Médecine universelle sur toute la Nature, c'est-à-dire sur le minéral, sur le végétal & sur l'animal, & qui voudra la préparer par autre manière ne viendra jamais à bout de ses désirs.

Cette matière est un corps terrestre, elle est pondéreuse, aérienne, sulfureuse, mercurielle & aqueuse, qui contient en soi la nature, la force, la vertu & la perfection de tous les Métaux, & de tous les êtres. Enfin, sa Racine est métallique, c'est pourquoi elle s'unit parfaitement avec tous les métaux ; elle convertit les imparfaits en parfaits, lorsqu'elle a été élevée à la dernière perfection ; ce qu'elle ne pourrait pas faire, si en son caché elle n'en participait.

Pourquoi l'élixir s'unit parfaitement avec les métaux.

De cette matière naissent deux Lions ou Dragons, dont l'un n'a point de plumes, & l'autre en a ; ils sont toujours en action, & ne dorment jamais qu'ils ne meurent à l'heure même, c'est pourquoi ils mangent continuellement par les soins d'*Hercules*, qui leur fournit tout ce qui leur est nécessaire ; & ces aliments dont ils ne manquent point, sont cause qu'ils acquièrent toujours plus de vigueur, sans avoir besoin de repos & de sommeil ; & on peut dire que ce sont ces deux animaux qui veillaient à la garde de la Toison d'or, que *Jason* endormit par l'industrie que lui suggéra *Médée*. Et encore que cette matière soit de deux natures, elle n'est pourtant pas hermaphrodite, quoiqu'on en ait dit, parce que ce n'est qu'une Nature homogène.

Les dragons des Philosophes mangent toujours & ne dorment jamais qu'ils ne meurent à la même heure.

Ecoutez le *Comte de la Marche Trévisane* ; Notre Pierre, dit-il, se fait d'une racine & de deux substances mercurielles crues, prises & extraites de la Minière, lesquelles étant purifiée & mondifiée, sont jointes & unies aimablement par le feu, qui les cuit assidûment, selon que la Nature le désire, jusqu'à ce que de deux ils soient fait un, & cet un, fait de deux, est semblable à la matière, de laquelle la Nature se sert dans la terre à la procréation des métaux, nonobstant toutes opinions contraires, & la diversité des noms qu'on lui impose, qui n'empêche pas que ce ne soit une seule chose.

Dans cette matière, dit *Zachaire*, tout le magistère est contenu, à laquelle nous n'ajoutons rien d'externe, ni de laquelle nous ne diminuons rien aussi, mais seulement nous éloignons en la préparation ce qui est superflu. Et il faut donner de garde de prendre aucune matière dont les Philosophes se sont servis pour comparaison, comme quand ils disent prenez de l'Arsenic blanc, du Soufre vif, & choses semblables, & si vous ajoutez quelque chose d'externe, c'est-à-dire, qui ne soit pas de la même nature, elle donnera lieu à corrompre & détruire tout votre ouvrage, & vous priver de vos désirs.

Il ne faut pas se servir de matière dont les Philosophes se sont servis pour comparaison.

Cette matière est vile à ceux qui savent l'Art, en comparaison ce grand trésor qu'ils possèdent, comme s'ils ne les possédaient pas, ayant toujours demeuré dans les propres limites de leur naissance : & en disant que la matière est vile, ce n'est pas à dire de vil prix, car elle prend son origine du Soleil & de la Lune, qui sont son père & sa mère, & la terre sa nourrice, comme dit *Hermès*. Cette matière est vile & précieuse en même temps ; vile, parce qu'elle a un corps terrestre ; & précieuse, parce qu'elle contient tout ce qu'il y a d'excellent & de parfait dans toutes les créatures.

La matière est vile & précieuse en même temps.

*Bonus* dit que cette matière est composée de corps & d'esprit ; que l'esprit est de nature mercurielle & volatile, & son corps de nature fixe : ainsi, elle est l'argent-vif des Philosophes, & leur Soleil & leur Lune ; l'union donc de ces deux est nécessaire en cet Art, car il faut les réduire en leur première matière par l'argent-vif des Philosophes ; c'est-à-dire les convertir en une eau visqueuse, ce qui ne se peut mieux faire que par l'argent-vif des Sages, qui en vient facilement à bout, & il ne faut pas entendre cela du Soleil & de la Lune, & du mercure du vulgaire, dit *Rosarius* ; mais de notre pierre, qui contient la nature & les propriétés de ces trois choses ; & cette réduction en première matière s'appelle la dissolution de la pierre, d'où il faut conclure que la pierre est composée de deux

Ce que c'est que la réduction en première matière.

choses ; savoir, de corps & d'esprit : l'esprit se sublime de soi & non pas le corps, s'il n'est incorporé avec l'esprit. Et cette dissolution en eau, n'est pas proprement dissolution, mais liquéfaction comme cire, & comme celle du sel, qui se fait lorsqu'il est mis à l'air ou à l'humidité.

La pierre est composée de corps & d'esprit.

Cette dissolution se fait pour réduire le corps qui est terrestre en sa première matière & pour que l'esprit & le corps soient inséparablement unis, soient fait un, & prennent une même couleur ; elle se fait pour réduire le corps à la qualité de l'esprit, & ainsi le corps se mêle avec l'esprit sans jamais s'en séparer non plus que l'eau avec l'eau ; c'est pourquoi le corps s'élève au commencement avec l'esprit, & à la fin se fixe avec le corps.

Pourquoi on fait la dissolution.

La nécessité de la dissolution.

Elle se fait donc pour subtiliser les corps avec les esprits, & les pousser par après tous les deux jusqu'à une si grande spiritualisation qu'ils soient tout esprit ; c'est pourquoi la dissolution est absolument nécessaire pour pouvoir parvenir à la sublimation, & ainsi la dissolution est la première sublimation de la pierre.

La teinture blanche & rouge sont contenues dans l'âme de la pierre.

Elle se fait enfin pour extraire ou tirer l'âme de son corps, laquelle contient la teinture blanche & la rouge cachée sous la blanche, afin d'unir l'âme faite spirituelle avec son esprit & qu'elle puisse donner la vie à son corps : cette dissolution se fait avec son eau, qui est une eau mercurielle, car la pierre est toute mercure, & un mercure qui contient en soi naturellement son soufre propre.

Quoique les Philosophes aient parlé dans leurs écrits de tout l'ouvrage de la pierre, chacun en a passé sous silence quelque partie, ou n'en a dit qu'un mot en passant. *Bacon* s'étend plus que les autres sur la matière : le *Comte de la Marche Trévisane*, est le seul qui ait beaucoup parlé de la préparation dont il a fait un livre entier. Et *Sendivogius*, s'est plus étendu sur le régime du feu, que tout autre Philosophe ; mais dans ce Livre je ne prétends pas faire ainsi, je veux mettre toutes les parties de l'ouvrage comme elles doivent être, c'est-à-dire sans aucune confusion, & dans l'ordre qu'on les doit décrire & qu'on le peut désirer sans rien laisser en arrière.

Je dis donc que tout l'ouvrage de la pierre, n'est qu'une perpétuelle sublimation Philosophale & non Chimique, car la Chimique n'est qu'une élévation de la matière au sommet du vaisseau ; mais la Philosophale est une amélioration & élévation à un plus haut degré de perfection auquel on porte la matière, ce qui se fait toujours jusqu'à ce que la pierre ait acquis sa dernière perfection, par le moyen de l'art & de la nature unis ensemble, qui s'accompagnent toujours.

Or la sublimation présuppose toujours la dissolution du corps, & tout corps est dissout par l'esprit avec lequel il est mêlé, & par lui il est fait spirituel ; & lorsque le corps est dissout, l'esprit se coagule par la même opération, qui est divine, surnaturelle & incompréhensible : d'où il faut insérer ce qui est dissout & qui est dissout, sont de même nature, & que s'il y avait quelque nature étrangère, il ne se ferait pas une vraie & physique dissolution du corps & congélation de l'esprit.

La première opération s'appelle l'extraction de la semence de l'or, qui est la première sublimation ou préparation du mercure Philosophal ; l'or en cette semence par le moyen de l'art acquiert la puissance de se multiplier, & ainsi le sujet de la matière que l'Artiste doit choisir pour faire son ouvrage, & d'où il peut tirer la forme de la semence de la pierre.

En faisant cette opération, le récipient qui est de verre doit être mis dans l'eau froide, ou bien il le faudra rafraîchir par des linges mouillés, crainte que le verre, quoique double, vienne à se casser par la force & violence des esprits qui entreront dans ce récipient, & se condense en une liqueur blanche, épaisse & pondéreuse.

Et d'autant que la Nature engendre toutes chose par le mâle & la femelle, & les multiplie aussi par la même voie, & que l'art doit imiter la nature : cette semence de l'or sera l'agent & le mâle, & le mercure sera la femelle de même espèce & origine ; l'un sera dissolvant, & l'autre sera la matière qui sera dissoute ; l'un est fixe & l'autre volatil, & de l'union de ces deux, il naît l'enfant du Soleil si merveilleux ; & de même que l'homme qui a été créé de la terre, n'engendre pas son semblable de la terre, mais de soi-même, & que l'homme se nourrit de la terre, & de cette nourriture se fortifie, croît & s'augmente : ainsi l'or engendre l'or, & doit être nourri de sa première substance ou matière très pure, & c'est ce que dit *Hermès*. Sa nourriture est la terre.

Cette première sublimation se nomme aussi distillation, parce qu'en distillant l'eau monte au haut du vaisseau Philosophal en espèce ou en forme de fumée ; c'est pourquoi *Hermès* dit, le vent le porte en son ventre. Par la sublimation parfaite, la destruction, la contrition & la pulvérisation de la matière s'en ensuit, qui est, de mettre en chaux par un feu fort, le corps qui est demeuré au fond du vaisseau : ce qui se fait, afin que le lien & la consolidation des parties terrestres &

Le Vent le porte en son ventre. Expliqué.

combustibles soit rompu & les subtiles soient séparées, & que l'âme subtile qui est la partie teingente en soit plus facilement extraite : le *Trévisan* la nomme Elixir, d'autant que ce premier degré est de faire le mercure Philosophal, qu'il nomme le mercure végétal net & pur, que les Philosophes appellent Soufre blanc non brûlant, qui est un moyen de conjoindre les soufres avec le corps & mercure ; & les Sages disent qu'il conjoint les teintures aux corps, qu'il est de nature fixe & arrête les esprit.

La sublimation contient en soi plusieurs opérations.

La sublimation des Philosophes contient plusieurs opérations ; savoir la purification, afin d'avoir une substance pure & nette : la dissolution, pour réduire toute la masse de la matière en eau ; la troisième, la putréfaction ou corruption ; d'autant que rien ne se fait sans que premièrement la corruption précède, suivant l'axiome des Philosophes, *corruptio unius est generatio alterius.* L'ablution, le nettoiement, blanchiment & savonnement suit, parce que toute chose sordide doit être nettoyée de toute impureté corrompante, cette ablution se nomme aussi incération & mondification. Ce que c'est que incération. L'autre est la coagulation, parce qu'il faut que cette eau si précieuse de laquelle nous avons parlé, soit desséchée & retourne en forme de poudre dont elle avait été extraite. La calcination suit, d'autant que la matière calcinée est plus propre & plus disposée à la sublimation, & qu'elle est plus proche de la fixation, ce que plusieurs Philosophes nomment fusion. Ce que c'est que fusion. Et la dernière est la fixation, qui est parfaite lorsque la couleur ne change plus.

Toutes lesquelles opérations sont en la sublimation, les parties volatiles sont élevées comme dans le vaisseau pour être fixées avec le corps fixe, & pour qu'ils puissent donner la fusion au corps ou parties plus grosses, & se défendre de la vitrification : ce qui justifie ce que j'ai ci-devant avancé, que tout le travail de la pierre n'est qu'une perpétuelle sublimation Philosophale : & cette sublimation, que sa fixation, qui est élevée en sa substance, en vertu & en couleur à une plus haute perfection.

Cette sublimation contient la dissolution qui a été faite dès le commencement, & à la fin on fait la fixation, qui est la coagulation parfaite : & conséquemment, comme l'on dit que l'ouvrage de la pierre est une perpétuelle sublimation, on peut aussi dire qu'il ne consiste qu'en une perpétuelle dissolution & coagulation.

# CHAPITRE III.

## *De la Préparation.*

Pourquoi les Sages ont tant caché la préparation.

Après avoir parlé si abondamment & si clairement de la matière, venons à parler de sa préparation, que les Sages se sont tant étudiés de cacher, quoiqu'elle soit la chose la plus difficile de tout l'Art. Ils l'ont fait exprès, d'autant que si par hasard, ou par l'imprudence de quelqu'un, un homme venait à la connaissance de la vraie matière, ne sachant pas comment la préparer, (ce qui est absolument nécessaire) ne pût parvenir à l'accomplissement de l'œuvre : & comme grand nombre de personnes pêchent à l'égard de la matière, il y en a encore plus qui manquent en la préparation, sans laquelle la pierre n'ayant point de mouvement de soi, ne peut être faite un Elixir parfait, mais doit le recevoir de l'art & du travail.

Ces préparations, purgations & purifications ne sont pas vulgaires, mais Philosophiques ; & les Artistes ne peuvent les faire par des voies contraires à celle de la nature, & celui qui en emploie, détruit son ouvrage, parce qu'il doit imiter la nature & lui aider, puisqu'il doit travailler avec elle, mais non pas lui faire violence ; c'est à dire se servir des eaux fortes pour dissoudre en la préparation, d'autant qu'elles sont corrosives & corrompent la substance des corps ; car plus ces eaux les corrodent & corrompent, plus elles les éloignent de l'espèce des métaux.

Le bon Artiste ne fait point de violence à la nature.

Les eaux fortes éloignent les corps de l'espèce des métaux.

Mais les dissolutions qui se font comme il faut, se font par l'argent-vif ; c'est-à-dire par l'eau des Philosophes, qui corrompt seulement la forme extérieure des corps qui sont dissous, mais non la substance, d'autant qu'elle a en soi

- 43 -

une vertueuse humidité qui les dissout amiablement & sans aucun dommage, & qui est plus forte que le feu, d'autant qu'elle se fait du corps de l'or, un pur esprit ; ce que le feu ne peu pas faire, ainsi que dit *la Tourbe*.

La préparation se fait & doit se faire par la destruction réitérée en résolvant & sublimant, & en séparant de la pierre le pur d'avec l'impur, l'épais d'avec le subtil, comme dit le Philosophe, dans le même temps qu'on mêle le soufre & le mercure, le Soleil & la Lune ensemble, & sans perdre aucun temps crainte de la dissipation des esprits, sans lesquels rien ne se peut faire, n'ayant point de mains ; mais c'est aux mains de l'Artiste auxquelles cette opération est dévolue : ce qui étant bien fait, la matière ne peut plus demeurer dans son espèce ni dans sa forme, mais bien dedans le genre & dans la sienne, & ainsi la matière est disposée à recevoir la forme de tous les métaux, & est une opération qui seule la dispose à la séparation de toutes les parties qui la composent.

Quand l'animal a pris des aliments, & qu'ils sont après digérés par la chaleur naturelle, la séparation du pur & de l'impur desdits aliments se fait par la Nature ; l'impur & le grossier est chassé, & ce qu'il y a de pur & de subtil est retenu & converti en chyle, lequel est ensuite distribué à toutes les parties du corps ; il en est à peu près de même dans cette opération que l'Artiste fait, parce que la Nature ne l'a pu faire, etc.

Les principes de la pierre sont soufre & mercure, non pas dans leur nature, mais altérés & ensemble mêlés, & dûment proportionnés par la nature : en sorte que leur mélange avec les deux luminaires, il en vienne une troisième nature, & qui pourtant retient parfaitement les vertus & propriétés de l'un & de l'autre : sur quoi il faut savoir, que le soufre & l'argent-vif sont des esprit volatils & que l'argent-vif l'est d'avantage que le soufre, d'autant qu'il suit d'avantage le feu, comme ayant plus de contrariété avec lui, mais le soufre a en lui la vertu de coaguler & fixer ; ainsi la pierre a principalement de l'argent-vif la propriété de voler, & du soufre la puissance de fixer, qui sont les deux principaux fondements que les Philosophes veulent unanimement qu'ait la pierre ou matière de la pierre, pour devenir Pierre parfaite.

Et quand cette opération est faite par le moyen de l'art & la prudence de l'Artiste, le mercure & le soufre étant unis ensemble & proportionnés avec le Soleil & la Lune, une troisième nature qui en provient est leur mercure, auquel les Sages ont donné divers noms, car ils l'ont appelé eau de mer, parce qu'il y a plus d'eau que de mer, & que de la nature ignée : il acquiert la subtilité, l'amertume & la puanteur. Il est nommé eau de nuée, mais eau permanente, d'autant que l'eau de nuée vulgaire n'est pas permanente au feu, mais s'enfuit & s'exhale, *Hermès* lui donne le nom de queue de dragon, parce que le dragon qui est le corps ou la terre, la dévore & la boit toute, & ce dragon est la substance fixe. Ils l'appellent leur eau dorée & leur eau de talc, parce qu'elle contient en puissance la substance des deux luminaires. Leur mercure minéral & corporel, leur mercure animé, le double mercure, le mercure métallique, le mercure essentiel sans lequel rien ne peut se faire ; leur eau de vie, eau céleste, leur eau douce, eau antimoniale & mercuriale, eau bénite, eau venimeuse, eau puante, eau des eaux, eau pondéreuse, parce qu'étant métallique, elle est plus pesante que toutes les autres eaux. Ils lui ont donné une infinité d'autres noms, non seulement pour le

Pourquoi les
Sages ont donné
divers noms à
leur mercure.

cacher aux ignorants & aux méchants, mais aussi à cause de son excellence, & il n'y a pas un de ces noms qui ne lui convienne parfaitement.

Il contient les quatre éléments dans une proportion égale, qui s'altèrent dans l'ouvrage les uns & les autres ; & enfin deviennent, nonobstant leur propension mutuelle à la guerre réciproque dans un si parfait tempérament & dans une si grande paix & amitié, que ne faisant plus qu'une même chose : cette chose est un remède à tous les maux pour le soulagement de toute la nature.

Mais auparavant qu'il est été travaillé, il est une eau qui ne mouille point, il est un feu qui ne brûle point, il est une eau qui ne craint point le feu, il est un feu qui ne s'éteint point dans l'eau, & qui y subsiste sans s'y altérer. Il est un aimable dissolvant de tous les corps sans excepter les pierres les plus dures. Il se dissout, se calcine, se sublime, se coagule & se perfectionne lui-même. Il est le dissolvant & l'eau forte des Philosophes ; il est un Prothée & un Caméléon, qui se change en toutes couleurs jusqu'à ce qu'il ait atteint le rouge parfait.

Le mercure est
un aimable
dissolvant de
tous les corps.

Et la raison, c'est qu'il contient le mercure & le soufre des Sages, qui sont les vrais dissolvants de tous les métaux, & qu'il ne se trouve point qu'aux métaux. Ce mercure congèle facilement le mercure vulgaire, mais ne le fixe pas ; pour y parvenir, il faut qu'il soit joint au Soleil & à la Lune, c'est-à-dire, il faut qu'il soit cuit & réduit en Elixir parfait au blanc ou au rouge, & il n'importe avec lequel il doit être joint, c'est-à-dire, fixé.

Le mercure & le
soufre sont les
vrais
dissolvants de
tous les métaux.

Le mercure des
Philosophes
congèle le
mercure
vulgaire, mais
ne le fixe pas

*Geber* dit que ce mercure est une gomme plus noble que les marguerites & les pierres précieuses, & que ceux qui pensent faire

L'ouvrage ne se peut faire sans le mercure des Philosophes.

l'ouvrage sans lui, sont semblables à ceux qui veulent monter au haut d'une Tour sans échelle, & qui tombent sur le pavé en commençant. Ce mercure subtilisé est appelé eau permanente qui résiste au feu étant unie à son corps, sans lequel elle ne serait pas permanente : & la raison pour laquelle elle est permanente, c'est qu'elle est engendrée dans le feu, & par le feu ; & qu'ainsi qu'on peut dire que le feu est son père, quoiqu'il ne soit que sa nourriture.

Elle est cette humidité vivifiante de la pierre, sa vie & sa résurrection ; elle dissout & congèle tout, elle est la chose qui teint & qui est teinte invariablement, parce qu'elle est animée d'une chaleur vivifiante, c'est pourquoi sa teinture est permanente & ne peut être effacée ; les Philosophes ont scellé la manière de la faire, parce que c'est la principale clef de tout l'œuvre & de leur magistère : cette eau est l'esprit des corps convertis en nature de quintessence donnant vertu à la pierre.

Pourquoi le mercure Philosophal a une teinture permanente.

Devant que la pierre soit travaillée, elle se divise en corporelle & spirituelle ; l'un fort de l'autre, & l'un rend l'autre meilleur ; l'un est masculin & l'autre féminin, l'argent-vif des Philosophes est l'humidité radicale de la pierre, la magnésie est tout le compost dans lequel est l'humidité susdite, laquelle humidité n'est pas comme les autres humidités qui fuient le feu, parce qu'il les consume, mais celle-ci y courre ; dans cette humidité ou pierre sont le Soleil & la Lune en vertu & puissance, & aux éléments en nature : & s'ils n'étaient pas en ce compost, rien ne se ferait, & de cela ne se ferait pas le Soleil & la Lune, qui sont autres & meilleurs que ceux du vulgaire, parce qu'il sont vivants, & que ceux du vulgaire sont mort.

Si le Soleil & la Lune n'étaient mis avec le mercure, il ne s'en ferait pas Soleil & Lune.

Cette eau contient en soi tout ce qui lui est nécessaire pour son amélioration, & sa dernière perfection, n'ayant besoin que du secours de l'art, c'est-à-dire d'un feu artificiel & proportionné : & on ne peut errer qu'en ce commencement, c'est-à-dire au feu, parce qu'il est difficile de trouver sa proportion.

On ne peut errer qu'au commencement du travail.

*Rasis* dit que quand ce mercure naît, qu'avec lui dans son ventre naissent le Soleil & la Lune. Enfin il y a tant de merveilles en ce mercure, qu'il contient en soi non seulement toute ma perfection métallique, mais encore toutes les perfections de tous les êtres tant supérieurs qu'inférieurs ; & en un mot de toute la nature, & son animation est la transformation de l'or en sperme, & ce sperme n'est que pur or spirituel.

Le mercure contient toutes les perfections des êtres supérieurs & des inférieurs.

L'animation du mercure est la transformation de l'or en sperme

Ce mercure contient en soi un feu, qui doit être repu & nourri de plus grand feu au second régime de la pierre, & ce feu du second régime doit être enclos par ce second ; les Philosophes le nomment propre instrument. Ce mercure est de terre & d'eau, & on le met dans l'œuf tout frais & récent avec tout son sang ; c'est-à-dire avec tous ces esprits ; c'est pourquoi il faut sceller que le plus promptement qu'on pourra, avec le plus commode sceau d'*Hermès*, dont sera parlé ci-après, afin qu'il y soit sublimé & exalté à la nature d'air & de feu, comme dit *Arnauld de Villeneuve*.

Ce que c'est que le propre instrument.

Que les Chimistes ne cherchent donc plus de dissolvants autre que celui-ci, qui est le vrai dissolvant universel, qui dissout tout corps, quelques durs qu'ils soient, doucement, aimablement & sans altération, ni corrosion aucune. Qu'ils ne distillent plus des soixante muids d'eau de puits pour en faire un, & que les Sophistes laissent toutes leurs folles imaginations pour en trouver un propre à leurs

Dissolvant ridicule.

desseins, & que les uns & les autres ne se rompent plus la tête à en vouloir faire avec divers sujets & diverses drogues.

Tous dissolvants autres que l'eau des Sages, ne peuvent dissoudre les corps radicalement.

Tous leurs dissolvants ne seront jamais dissolvants qui puissent radicalement dissoudre les corps sans corrosion & altération. Qu'ils étudient donc, & qu'ils cherchent le moyen de faire ce divin dissolvant, qui dissout si bien tous les corps quelques durs qu'ils soient, & qui se dissout soi-même, qui est ce merveilleux mercure, qui contient en soi tout ce qui est parfait au monde, & qui est l'abrégé des merveilles de Dieu : il est corporel & spirituel, il est esprit & participe des natures spirituelles.

Le mercure est l'abrégé des merveilles de Dieu

Lorsque par une merveilleuse industrie on a tiré ce mercure du lieu auquel il était caché par la Nature, quoi qu'il ait encore beaucoup de superfluités, il n'en faut rien séparer ; & ceux qui prétendent qu'il y a du phlegme ou des impuretés qu'ils disent devoir être séparées, ne sont pas bien éclairés ni habiles gens en cet Art, d'autant que le feu des Philosophes convertit tout cela en substance spirituelle, pure & fixe : ce qu'aucun Philosophe n'a enseigné que *Pontanus*, & ceux qui en séparent quelque chose gâtent l'ouvrage, & n'y pourront arriver.

Quoique le mercure ait beaucoup de superfluités, il n'en faut rien séparer.

*Mireris* dit que la pierre est froide & humide au commencement, & après qu'elle est faite, chaude & sèche ; que néanmoins il n'y a qu'un régime à l'égard de l'Artiste, qui tend à rendre la pierre en sa perfection ; ce que ne se put faire que par une parfaite digestion, à laquelle on ne peut arriver que par diverses digestions particulières, qui produisent divers effets & plusieurs couleurs : d'où il s'ensuit, que devant qu'elle arrive à sa perfection, elle passe de nature en nature, & de couleur en couleur ; de sorte qu'à l'égard de l'intention de venir à la fin, il n'y a qu'un régime & une opération ; &

La parfaite digestion se fait par diverse digestions particulières.

quant à la diversité des natures, il y a diversité d'opérations.

Comment on explique qu'il monte au Ciel & descend en terre.

Et quand le Philosophe dit : il monte au Ciel, c'est-à-dire au sommet de l'œuf ; & qu'après il descend en terre, c'est-à-dire au fond du vaisseau. Quand la matière est noire, cette noirceur se nomme putréfaction ; & lorsqu'elle a perdu cette couleur, elle est appelée ablution &

Ablution & cération ce que c'est.

cération par quelques Philosophes. Enfin tout le travail de la pierre moyennant la Nature, n'est qu'une coction & digestion continuelle de la même nature, par un travail très simple & très aisé, pendant le progrès duquel toutes les Planètes se font voir ; c'est pourquoi la pierre a

La pierre a été appelée du nom des Planètes & des Minéraux.

été appelée des noms des Planètes & même de ceux des minéraux.

Devant que l'Artiste commence son travail, il doit savoir & bien connaître la matière propre, & le moyen de la travailler comme il faut, il doit s'armer d'une grande patience, être vigilant & observer ponctuellement tout ce qui se passera dans ses vaisseaux, d'autant qu'il se doit régler sur se qu'il verra ; il apprendra même par là, les merveilles que Dieu a mises & cachées dans la Nature, sur lesquelles faisant de solides réflexions, il aura souvent des lumières, auxquelles il n'aurait pu atteindre, ni même

Ce que doit faire l'artiste en travaillant.

avoir la moindre espérance de pouvoir les acquérir. Il faut qu'il écrive tout pour sa consolation, & afin que rien ne lui échappe : & surtout, que rien ne lui manque de ce qui lui est nécessaire devant que commencer son travail, dont il trouvera un état dans l'article du Fourneau ci-après déclaré.

Or le vrai moyen de conduire l'ouvrage à une bonne & due fin, c'est d'imiter la Nature,

L'Artiste doit imiter la nature.

qui par une continuelle & douce chaleur fait l'argent-vif & le soufre dans la terre, sans quoi l'Artiste ne ferait jamais rien qui vaille, & ceux qui font autrement & à leur fantaisie, ou se servent du mercure & du soufre du vulgaire, travaillent en vain, parce que l'intention de la Nature & des Philosophes n'est pas cela ; mais bien qu'on prenne leur argent-vif & leur soufre.

Il est constant que la Nature est longtemps à les faire ; mais quand elle est jointe à l'Art, & que l'art commence où la nature a fini ses opérations, il en vient à bout en peu de temps ; & comme l'art tout seul ne peut rien faire sans la nature, la Nature qui a mis les poids & les proportions dans la matière, aide encore l'Artiste à perfectionner ce qu'elle avait commencé seule, en travaillant avec lui & lui fournissant son feu central ou interne, & l'Artiste le feu externe proportionné, avec les vaisseaux à peu près pareil à ceux dont se sert ordinairement le même nature.

Mais à cause qu'il faut élever la matière à une perfection fort étendue, pour en pouvoir perfectionner les métaux imparfaits ; il faut de temps en temps augmenter le feu externe, qui est la nourriture de la pierre, à mesure qu'elle se fortifie, suivant le sentiment de quelques Philosophes ; nous en parlerons à fond dans l'article du Feu.

Devant que de finir ce Chapitre, il faut que je mette ici une chose rare de notre mercure Philosophal. Tout le monde sait qu'il dissout assez facilement les métaux, vous en savez la raison qui a été dite ci-dessus, & pourquoi il ne les corrode pas comme font tous les autres dissolvant ; & s'il les dissout amiablement quelques durs qu'ils soient, à plus forte raison il dissout les choses moins compactes.

Or si on lui donne de l'oripeau à dissoudre, cet oripeau deviendra en un moment en bouille fort claire, laquelle étant prise, par un tour de l'Art, avec un pinceau de métal, & appliquée sur du bois, du fer ou autre matière, la dorera d'une dorure infiniment plus belle que celle dont on se sert ordinairement, & qui durera même beaucoup d'avantage, puisqu'elle fait par pénétration dans les matières, selon la dureté de leurs corps, ce que la commune ne fait que superficiellement & par application.

Merveilles du mercure Philosophal sur le bois, le métal & autres matières, qu'il pénètre beaucoup.

Ce secret doit en le méditant faire bien penser à ceux qui en auront la connaissance, à inventer cent beaux ouvrages dont on ne s'est jamais avisé, & cette grande pénétration en doit être comme la base & le fondement.

Secret du corps mort du mercure des Sages.

Le corps mort est réduit en une terre noire qui n'a plus que peu de sel fixe ni de volatil, & qui pourtant étant trituré & réduit en poudre, est capable par sa grande siccité d'attirer puissamment l'esprit universel, lequel s'unissant avec cette poudre lui donne de nouveaux sels & esprit conformes à sa première nature : ce qui est un autre secret qu'aucun Philosophe n'a jamais enseigné, & que je sais par expérience ; de sorte qu'on peut encore y trouver une substance, qui n'est pas à mépriser.

Secret de la tête morte des matières dont on fait les eaux fortes.

De même en est-il des matières dont on fait les eaux fortes communes & vulgaires, qui étant épuisées par l'Art, de tous leurs esprits, en fournissent encore plus d'une fois qui ne cèdent en rien aux premières, lorsqu'on se donne la peine de faire ce que dessus. Par ces exemples, on peut chercher quelque chose de nouveau dans la plupart des fèces & corps morts, des matières dont se servent la Chimie & la Médecine ordinaire. Je pourrais encore ajouter quelque autre chose, mais cela suffira pour aiguillonner les Curieux au travail, & à la recherche de diverses merveilles qui sont encore inconnues aux plus savants & meilleurs esprits.

# CHAPITRE IV.

## Du Feu.

Après avoir amplement traité de la matière de la Pierre & du choix qu'on devait en faire, & encore du mercure des Sages, qui sont deux des principales clefs de tout l'ouvrage, même réfuté quelques opinions erronées ; il reste maintenant à parler du feu, qui est la troisième & dernière principale clef, que les Philosophes n'ont point enseignée, que sous des termes forts obscurs & énigmatiques ; disons que comme il ne se fait aucunes générations en ce monde sans Soleil, de même sans le feu qui est le plus pur des éléments, & qui ne souffre point la corruption, lequel les Sages nomment leur Soleil, rien ne se fait & ne peut faire en cet Art. Sans le feu la matière demeure inutile dans la main de l'Artiste, & le mercure Philosophal n'est qu'une chimère qui n'a de substance que dans son imagination, & qu'il ne peut réduire en acte.

Tout homme a ce Soleil élémentaire en sa disposition, duquel il peut se servir à son plaisir, lui donnant tantôt plus & tantôt moins de chaleur, afin d'en régler les degrés selon ses désirs, & selon qu'il les juge nécessaires aux opérations qu'il veut faire réussir ; mais de trouver ce degré proportionné au fourneau & à la matière qui est dans l'œuf, c'est ce qui est très difficile.

*Arthéphius* l'a enseigné fort obscurément, & *Sendivogius* en a plus parlé que des autres parties de l'ouvrage, & plus dit lui seul que tous les Philosophes ensemble. Quand donc un homme ne sait pas donner la proportion du feu, il travaille toujours inutilement & sans aucun

*Le feu est le Soleil des Philosophes.*

*Sans le feu rien ne se peut faire en cet Art.*

fruit ; sans cela, c'est-à-dire, sans cette troisième clef, il ne peut jamais entrer dans le parterre des Philosophes, à la porte duquel elles sont attachées toutes trois, mais si haut, qu'il n'y a que les grands hommes qui puissent y atteindre ; & si quelqu'un voulait franchir les murs, il ne manquerait jamais de se tuer, à cause de leur grande hauteur, & de la profondeur du terrain.

Avançons & tachons d'avoir cette troisième clef, puisque nous avons déjà les deux autres, & que sans elle nous ne pouvons rien faire. Et pour prendre les choses de loin, afin que rien ne manque à notre instruction disons.

Que la nature ne peut rien faire que par un grand temps, quoiqu'elle peut détruire une chose en peu. Que dans ses œuvres elle a certaines bornes qu'elle ne peut outrepasser, & qu'elle contient aussi en soi tout ce dont elle a besoin pour ses opérations & ses productions ordinaires. Elle engendre bien les métaux mais non pas les teintures, quoiqu'elle les contienne, & qu'en elle elles soient cachées, mais le fils du mercure & du soufre en est tout rempli, & c'est de lui seul qu'on en doit espérer de fixes & d'invariables.

Le fils du mercure & du soufre est tout rempli de teinture.

La Nature a une propension à perfectionner tous ses ouvrages, mais elle ne peut d'elle-même leur donner qu'une simple perfection, d'autant qu'elle agit toujours simplement, si l'Artiste ne lui prête son secours, & n'agît de concert avec elle. Or le moyen dont l'Art ou l'Artiste se sert pour l'aider, n'est autre chose que la chaleur convenable, qui ne se trouve que dans le feu.

La Nature ne donne à ses ouvrages qu'une simple perfection, si l'Art ne lui aide.

Divers feu doivent être rejetés, & pourquoi.

Les Philosophes ont accusé plusieurs feux dans leurs écrits, savoir celui du fient de cheval, du bain-marie, & celui du charbon, pour détourner les idiots du droit chemin, lesquels prenants leurs dires à la lettre, se sont servis de tous, sans avoir pu rencontrer quoi que ce soit, & sans considérer que tous ces grands hommes & ces maîtres de l'Art, ne parlent jamais que par énigmes, métaphores & similitudes ; car toutes ces chaleurs & ces feux ne pouvant longtemps durer dans un même degré & même tempérament, doivent être rejetés, d'autant qu'il faut absolument que le feu propre à faire la coction du mercure & le changement des éléments ou qualités élémentaires, les unes dans les autres, soit un feu égal, continuel & approchant de celui dont la Nature se sert pour la procréation des métaux.

Le feu des Philosophes doit être égal & continuel.

Or il n'y a que le feu de lampe qui puisse faire cela, & avoir les qualités nécessaires pour faire un si bel ouvrage, c'est pourquoi il est nommé le feu philosophique, le feu secret & de génération ; & en effet, ce feu est un des plus grands secrets de l'Art.

Le feu de lampe est nommé Philosophique, secret, & de génération.

Ce feu de lampe ne peut être égal & continuel, qu'avec un grand soin & une grande peine, si on se sert de la mèche ordinaire ; c'est-à-dire, de coton, d'autant qu'il faudrait que l'Artiste veillât continuellement & sans intermission, & que très souvent il fût obligé de tirer une lampe, & d'en remettre à l'heure même dans le fourneau, autrement elle pourrait s'éteindre, à cause que la mèche se consumant fait en peu de temps des champignons, qui font languir au commencement, & ensuite étouffent le feu ; ce qui serait un travail insurmontable & plus qu'*Herculéen*.

Mais pour soulager l'Artiste & lui donner courage, il se peut exempter de toutes ces peines, se servant de la mèche incombustible, qui se fait avec le Talc de Venise, ou l'Alun de plume, l'Amiante, ou bien le Sel gemme

La mèche incombustible.

préparés comme il faut, & pour tout travail, il ne restera que celui de ne point laisser manquer d'huile à sa lampe : ce qui est facile à faire, puisque cette lampe doit être de celles de l'invention de *Cardan*, qui se fournit d'huile elle-même, & qui en contient plus que le feu n'en peut consumer en vingt-quatre heures.

Qu'elle doit être la lampe de l'Artiste.

Par ce moyen il aura la liberté d'aller prendre l'air, & vaquer à ses affaires, s'il lui en est survenu, sans avoir la moindre inquiétude pour son travail & son ouvrage. Et si ce feu n'était pas continuel, c'est-à-dire, s'il était éteint & que la matière fut refroidie, & ainsi eut manqué de sa nourriture ordinaire, l'Artiste le plus éclairé du monde ne pourrait rétablir son ouvrage par quelque artifice que ce pût être. La raison en est, que la pierre est engendrée dans le feu, & par le feu, qu'il est sa vie & sa nourriture ; & quand il est éteint, la pierre meure en même temps, & ne se peut plus revivifier ; c'est pourquoi il serait obligé de recommencer à faire d'autre mercure Philosophal, & aussi le surplus des opérations qu'il aurait ci-devant faites.

Lorsque la matière est refroidie par l'extinction du feu on ne peut passer plus avant.

Les Philosophes distinguent prudemment deux feux, & disent que la matière qui est leur mercure, a son feu interne & central, & que ce feu seul ne suffit pas pour sa coction parfaite, mais a besoin de la chaleur du feu élémentaire pour mettre en mouvement la chaleur de son feu naturel assoupi & engourdi ; c'est ce que doit administrer ou fournir l'Art ou l'Artiste, non pas dans une cour ou jardin, ou bien tel autre lieu exposé à l'air, comme on est obligé de faire en quelques opérations Chimiques, parce que l'air souffre souvent diverses altérations par un froid excessif, par une trop grande abondance d'humidité, ou telles autres qualités, qui sans doute feraient impression sur cette matière très délicate, & ainsi détruiraient

Feu interne & central de la matière ou élémentaire.

An quel lieu il faux faire l'ouvrage de la pierre.

entièrement l'ouvrage : c'est pourquoi il faut être à couvert.

Et le fourneau Philosophal est le lieu le plus propre pour cela, c'est là dedans que la pierre se dissout, se calcine, se coagule, se blanchit, se rougit, & reçoit commodément sa dernière perfection par la seule opération du feu, qui fait toute sa coction, & tout ce qui est nécessaire à ce divin ouvrage. Il ne faut aussi mettre ce fourneau dans un lieu obscur, d'autant que l'Artiste doit voir commodément tout ce qui se passe au-dedans, par le moyen de quelques petites fenêtres vitrées qu'on y a faites exprès.

Le feu égal, modéré & proportionné est difficile & artificiel à trouver.

Le feu doit être du premier degré, & pourquoi

Ce feu doit être égal, modéré, continuel, & proportionné à la qualité de la matière, laquelle proportion secrète dépend de la prudence de l'Artiste, qu'un Philosophe dit être artificiel à trouver ; & lequel feu, tous les Philosophes disent devoir être doux lent & du premier degré. Nous enseignerons ci-après divers moyens infaillibles pour le rencontrer ; mais il ne suffit pas d'avancer ces paroles en un point de si grande importance, sans l'autoriser par la raison & le témoignage le plus sincère des Philosophes.

Une des principales raisons est, que l'intention de l'Art est de faire une Médecine qui contienne en soi les quatre qualités élémentaires dans un tempérament d'égalité, & conséquemment qu'il faut conserver la froideur de l'eau, qui doit dominer en ce commencement ; ce qui ne se peut faire que par un feu très lent, par un feu doux, tempéré & continuel, qui puisse seulement mettre la Nature en mouvement, & insensiblement dessécher l'humidité superflue de l'eau ; & si on faisait un plus grand feu, on consumerait cette froideur si nécessaire à conserver, & rien ne se dissoudrait

Le feu externe doit seulement mettre la nature en mouvement.

& ne se coagulerait, parce que le grand feu est ennemi capital de la froideur, mais ce feu doux & modéré du premier degré, est le seul propre à conserver cette qualité, à dissoudre le compost ; & enfin à faire réussir ce bel ouvrage.

Il faut conserver la froideur, sans laquelle rien ne se dissoudrait, &c.

La seconde raison, c'est que la pierre en son commencement est en partie fixe, & en partie volatile, & participe plus du volatile que du fixe, ainsi il faut se servir d'un feu doux & lent, pour vaincre peu à peu cette volatilité surabondante, en cuisant doucement la pierre, l'accoutumant insensiblement à souffrir le feu, qui de sa nature est sec, & par ces qualités dessèche son humidité superflue sans altérer tant soi peu sa froideur, & la dispose à ne plus craindre aucun feu ; d'où on peut conclure, que par un grand feu on ne conserverait pas la froideur, on brûlerait les fleurs très tendres du compost, & le vaisseau se romprait par la violence des esprits subtils & trop agités, qui seraient contraint de se faire passage, & le tout serait perdu sans aucune ressource.

La pierre en son commencement participe plus du volatile que du fixe.

Tous les Philosophes sont de ce même sentiment, qu'il faut se servir de ce feu lent & tempéré, parce qu'il n'y a que celui-là seul qu'ils ont éprouvé capable d'extraire les humidités corrompantes sans aucune lésion des qualités du compost, recommandant toujours de ne s'ennuyer pas de la longueur du travail, & blâmant la précipitation. Le seul témoignage d'*Hermès*, outre que dessus, devrait suffire pour notre conviction, sans rapporter ici ceux des autres Philosophes ; néanmoins je ne laisserai pas de le faire, afin qu'il ne reste pas dans l'esprit de ceux qui liront ce petit ouvrage, le moindre doute de cette vérité, que je n'ai avancé qu'après en être pleinement convaincu moi-même.

Explication de ces mots : Tu sépareras la terre d'avec le feu, le subtil d'avec l'épais.

*Hermès* dit : Tu sépareras la terre d'avec le feu, c'est-à-dire d'avec l'esprit ce qu'il explique lui-même, ajoutant le subtil de l'épais doucement & suavement, & avec une grande conduite. Il ne pouvait pas mieux exprimer le premier degré du feu, qui fait cette séparation dans l'œuf Philosophal, élevant doucement le subtil, qui est la substance spirituelle, & laissant la terre au fond ; ce qui n'arriverait pas, si on faisait un grand feu, car l'épais ou le terrestre monterait avec l'esprit ou le subtil, & tout se perdrait dans cette confusion faute de conduite & de jugement.

Au Livre *de Saturne*, il est dit ; que celui qui gouverne son travail par un feu long peut arriver au secret, d'autant que faisant ainsi, les qualités les plus délicates de la matière sont conservées dans leur entier, & que la matière ne se vitrifie pas, mais demeure toujours en état d'être dissoute, calcinée, etc. *Gallicanus*, *Morienus*, *Geber*, *Artéphius*, & les autres, disent la même chose. Mais il ne suffit pas que ce feu soit lent & tempéré : il faut, comme j'ai dit ci-dessus, qu'il soit encore égal & continuel, c'est Le feu doit être continuel. ce qu'enseigne *Morien*, disant : prenez bien garde d'oublier aucun de ses jours & faites que votre feu soit doux & tempéré, & qu'il brûle toujours également.

Le moyen de trouver le degré du feu.

Pour trouver ce feu, il faut consulter la Nature qui fait ses opérations dans la terre par la continuelle & douce chaleur du Soleil. On doit aussi prendre exemple sur la poule qui couve ses œufs & les fait éclore par sa seule chaleur, (au sentiment *Arnauld de Villeneuve*) Pourquoi la Nature est si longtemps à faire ses opérations. que l'Artiste doit plutôt imiter que la première, d'autant que la Nature a besoin de plusieurs siècles pour faire les métaux, à cause de la trop grande lenteur de la chaleur dont elle se sert, & que l'Elixir est réduit en peu de temps en sa dernière perfection, ce qui ne procède que de la diversité de la chaleur & de la coction ; c'est pourquoi l'Art avance son travail bien plutôt que la Nature.

Plusieurs moyens de trouver le feu du premier degré.

Ce feu tempéré & du premier degré, se peut trouver en tenant la main par un longtemps dans le fond de l'écuelle, sans se brûler & souffrir aucune lésion, ou bien mettant des œufs dans l'écuelle où seront les cendres préparées ; & si dans le temps prescrit par la Nature, il vient à éclore des poussins, cela sera bien, & vous aurez le premier degré du feu qui vous est nécessaire, suivant le sentiment de ce Philosophe : *Pullifica concoctione focers non definit donec*, etc. Et s'ils n'éclosent pas dans le dit temps, ou le feu est trop faible, ou bien il est trop fort, & aura brûlé le germe, & les aura cuit ; ce que vous connaîtrez en les cassant, de sorte qu'il ne sera question que de régler ce feu sur l'un de ces défauts.

De même, si la noirceur ne paraît pas dans quarante ou quarante-deux jours, ou au plus cinquante-deux, c'est signe que le feu est trop faible & qu'il le faut augmenter, & continuant toujours ce même feu, par son retardement vous jugerez avec certitude de l'augmentation qui lui est nécessaire. Et quand les Philosophes disent, que le feu est trop faible, que la matière se morfond, c'est une de leur manière de parler, qui veut dire que le feu doit être augmenté, ou autrement qu'il fera longtemps, comme la Nature, à réduire son ouvrage dans l'état qu'on le désire. Ainsi on voit qu'il n'y a point de péril à faire le feu faible, & qu'il y en a à le faire trop fort, & qu'il est mieux d'éviter ces deux extrémités.

Explication de ces termes. Quand le feu est trop faible la matière se morfond.

Autre moyen de trouver le premier degré du feu.

Voici un autre moyen, qui est d'échauffer premièrement le fourneau & les cendres de l'écuelle avec le feu de quelques charbons, (ce qui se doit toujours faire pendant 24 heures) dans lesquelles cendres vous aurez mis un creuset vide que vous couvrirez, dans le lieu ou doit être posé l'œuf Philosophal, & de la même manière ; & après les 24 heures, les charbons étant ôtés, vous introduirez la lampe fournie d'huile d'olive & allumée du nombre des fils de mèches que vous aurez jugé à propos, & en même temps vous mettrez dans le creuset du saturne ou plomb fondu à petit feu dans un autre creuset, en sorte qu'il ne soit que seulement ou simplement fondu, & qu'en posant un fétu dedans, il ne soit point brûlé, & couvrant le dit premier creuset & le fourneau, vous laisserez cela au feu de lampe durant trois jours sans intermission ; & si vous voyez après le dit temps que le saturne demeure toujours fondu sans se congeler, votre chaleur est bonne.

Toutefois cela n'est pas encore suffisant pour être assuré, car cette chaleur pourrait peut-être excéder la juste proportion qui vous est nécessaire. C'est pourquoi pour le savoir au vrai, il serait bon de mettre quantité de petites lamines de saturne dans un creuset que vous poserez dans ladite cendre, auprès de l'autre creuset où est le plomb fondu, le couvrirez de même, & les laisserez là ensemble à ce même feu durant trois jours astronomiques, lesquels expirés, après avoir ouvert vos vaisseaux ; si vous voyez que vos lamine ne sont aucunement fondue par cette chaleur, & que le plomb de l'autre ne soit pas congelé, alors vous êtes assuré d'avoir le premier degré & régime du feu que vous cherchez & qui vous est nécessaire pour votre ouvrage, & pour faire dans son temps la putréfaction ou corruption de la matière, qui prend la couleur noire, ainsi que nous dirons peu après.

Ce feu doux du premier degré doit durer sans aucun changement jusqu'à la blancheur parfaite, dit *Morien*, parce qu'il est propre &

nécessaire à la fixation qui ne se fait qu'en la blancheur, d'autant que depuis le commencement de l'ouvrage jusqu'alors, le volatile règne & surpasse le fixe, & on peut errer & tout gâter, en donnant un feu plus fort ; mais quand on est parvenu à cette couleur, on ne peut plus faillir, d'autant qu'alors le soufre de la matière ne se peut plus brûler, & que le fixe a surmonté la nature du volatile, vu que le volatile même s'est fixé avec son soufre fixe, sans en pouvoir jamais être séparé.

Le premier degré du feu doit durer jusqu'à la blancheur & pourquoi.

Comment le feu doit être augmenté à la blancheur.

*Arnauld de Villeneuve* dans sa Lettre écrite au Roi de Naples, veut que le feu soit augmenté à la blancheur, mais petit à petit jusqu'à la rougeur, & de la rougeur encore peu à peu jusqu'à la rougeur parfaite, conformément aux termes de son Testament : *Donec colorum varietate lapis denisdatus, in niveo colore laetificet, & extunc, fine metu periculi sustinet poenas ignis crescentis, donec colore tinctus purpureo, egrediatur e monumento cumregia potestate*, & sa raison & celle des Philosophes, c'est que pour lors tous les esprits sont fixés & sont capables de souffrir le feu qu'ils fuyaient auparavant ; & si on l'avait augmenté plutôt, la force & violence des esprits aurait sans doute rompu l'œuf pour se faire passage : outre que la froideur qui est une des qualités élémentaires qu'il est nécessaire de conserver, aurait été détruite, d'autant qu'elle n'est pas compatible avec un feu fort.

Pourquoi on augmente le feu à la blancheur parfaite.

Il y a néanmoins des Philosophes qui ne sont pas de ce sentiment, & qui disent : Que quand les anciens Sages ont écrit d'augmenter le feu après la blancheur parfaite, ils n'ont pas entendu que cette augmentation fût une extension de la chaleur, mais une prolongation de temps & de travail, d'autant que ce même feu qui a pu conduire l'ouvrage jusqu'à sa perfection & fixation au blanc, par sa

Explication du dire des Philosophes, touchant l'augmentation du feu.

continuation, pourra aussi le pousser jusqu'au rouge parfait, à cause que par cette continuation la pierre se change mieux & plus aimablement de couleur en couleur, & de nature en nature ; outre que ce feu n'a plus à combattre aucune humidité ni froideur comme ci-devant, & que la pierre en l'état qu'elle est, a en elle un feu plus étendu qu'elle n'avait auparavant, & qu'elle s'aide d'elle-même à se perfectionner d'avantage & à recevoir l'impression du feu, qu'elle contient déjà en son caché.

Raisons convaincantes touchant cette augmentation Philosophique & non Physique.

Il ne faut pas demeurer au blanc, mais aller au rouge.

On peut expliquer le dire d'*Arnauld*, selon cette subtile pensée, & dire que les Sages nous insinuent ainsi ; qu'il n'en faut pas demeurer là, & que ce serait une perte notable, puisqu'on peut faire l'Elixir rouge en peu de temps, qui est sans comparaison beaucoup plus parfait que le blanc, parce que le blanc ne contient que trois éléments ; savoir l'eau, la terre & l'air, & que le rouge contient encore le feu, qui est le quatrième & le plus pur de tous, lequel achève la roue élémentaire & le dernier changement des éléments ou qualités élémentaires les unes dans les autres, réduites dans un tempérament parfait d'égalité, contre leur inclinaison mutuelle & naturelle de se faire une guerre perpétuelle : & si le feu n'entre point dans l'Elixir blanc, il n'y exerce pas sa dernière perfection & vertu comme il ferait, si l'ouvrage était conduit jusqu'au bout.

Quant à moi, je donne les mains à cette charmante explication, & tiens qu'il est plus sûr de continuer la même chaleur, parce qu'on ne peut errer en aucune manière, & que s'il y a quelque mal à suivre cette voie, il ne consiste que dans le retardement, comme nous voyons arriver aux opérations de la Nature, qui sont toutes longues à cause de la faiblesse & débilité de la chaleur qui lui aide à faire son travail

On ne peut errer en continuant le même feu.

dans les entrailles de la terre. Néanmoins on peut suivre le sentiment d'*Arnauld* avec assurance.

J'ai dit ci-devant, que si une fois pendant le travail, le feu était éteint & la matière refroidie, on ne pourrait par quelque artifice que ce fût réanimer ou pousser plus loin son ouvrage, & qu'il fallait recommencer le tout. Je le répète ici exprès pour avertir le Lecteur, que si l'Elixir blanc est aussi refroidi, on ne peut plus le pousser au rouge, sinon en le rétrogradant, c'est-à-dire, en le dissolvant dans de nouveau mercure Philosophal, & recommençant l'ouvrage comme auparavant, car c'est réduire l'Elixir en sa première matière ; il est vrai aussi que le travail ne soit pas si long, à cause des qualités & élévations que cet Elixir avait déjà acquises par le long travail précédent : ce qui est un grand secret, que je n'ai jamais lu en aucun lieu. Il y a encore d'autres feux dont je ne parle point ici parce qu'ils ne sont pas nécessaires à cet ouvrage, & qu'ils ne feraient qu'embarrasser l'esprit ; on les peut voir dans mon dictionnaire, ils sont le feu naturel, le non naturel, & celui qu'on nomme contre nature.

L'Elixir blanc étant refroidi ne peut plus être poussé au rouge.

Le feu naturel, le non naturel & le contre nature.

# CHAPITRE V.

## *De la Putréfaction.*

Il y a des Philosophes qui divisent le travail de la pierre en la sublimation, déalbation, rubification : mais sous chaque partie, il y en a d'autres considérables qui y sont comprises & sous-entendues ; savoir, sous la sublimation, l'extraction du mercure & la putréfaction. Sous la déalbation, le cours de diverses couleurs qui paraissent devant & après, & la première fixation des esprits de la matière réduite en une couleur blanche, qui est la première pierre. Et sous la rubification, la dernière perfection de la seconde pierre qui se rougissant fait paraître plusieurs couleurs & diverses sortes de rougeurs, & enfin se rougit d'une couleur rouge invariable ; & entre ces trois parties, toutes les couleurs qu'on se peut imaginer se font voir diverses fois, jusqu'à ce que la couleur de pavot ait pris leur place, en laquelle couleur toutes les précédentes se sont comme abîmées & sont contenues.

Dans la putréfaction la couleur noire règne, qui est la terre ; dans la déalbation, la blanche ; qui est l'air ; & dans la rubification, la couleur rouge, qui représente le feu ; ces trois principales couleurs de la pierre, dans lesquelles les autres sont contenues, achèvent toute l'opération. La couleur noire, est le signe de la corruption & bonne commixtion de l'humide avec le terrestre ; la blancheur, le signe de la fin de l'humidité superflue, & si on continue le feu, la chaleur agissant la couleur rouge est engendrée.

La couleur noire est le signe de la putréfaction.

La putréfaction est la corruption de la matière, ou du mercure Philosophal, qui se fait

La putréfaction est la corruption de la matière.

par le feu lent ; car le feu fort consume &
détruit ; le feu lent au contraire, est appelé le
feu de génération ; mais devant que la
génération se puisse faire, il faut

Tant plus le
temps de la
putréfaction est
prolongé, tant
mieux elle vaut.

nécessairement que la corruption précède ; sur
quoi pour la bien faire, il faut savoir que tant
plus le temps en est prolongé, tant plus elle est
excellente, & partant que ceux qui la
précipitent par augmentation de feu, ne font
rien qui vaille, & ne peuvent jamais réussir,
c'est pourquoi, un Philosophe disait : *Omnis
praecipitation a diabolo.*

Quand on a le degré du feu, & que l'œuf
est bien scellé du sceau d'Hermès, en sorte que
rien ne respire, c'est-à-dire qu'aucun esprits de
la matière ne puisse s'enfuir, à compter du jour
qu'on commence à travailler cette matière ou ce
mercure, lorsqu'il est dans l'œuf, au bout de

Temps auquel
la putréfaction
doit paraître.

quarante ou quarante deux jours, ou bien
cinquante deux au plus tard, la noirceur
commence à paraître, qui est le signe certain
que la putréfaction se fait, & que l'artiste est
dans le bon chemin. Les Philosophes lui ont

Les divers noms
de la
putréfaction.

donné divers noms, & l'ont appelé occident,
ténèbres, éclipse, lèpre, tête de corbeau, mort, &
la mortification du mercure, pour par après

Dans la
putréfaction la
matière prend
la vertu
minérale du
Soleil & de la
Lune.

ressusciter plus clair, plus net, plus pur, & plus
fort qu'auparavant, & par là il reçoit & prend la
vertu minérale du Soleil & de la Lune, qui s'y
unissent inséparablement, & que les Sages ont
nommé le mariage Philosophal, & l'anneau du
souverain Lien.

Le mariage
Philosophal.

De cette union de mâle & de femelle de
même nature & de même espèce (car à la
génération de chaque chose il est nécessaire
d'avoir son semblable) suit l'ingrossation, ou
sublimation ès légers éléments ; en sorte que
cette terre noire, par les continuelles
circulations qui se fond dans l'œuf, qui
retombent toujours sur le corps mort, qui est

appelé par les Sages, le corps, la terre, le fixe, & le ferment : & la partie qui s'élève qui est la spirituelle & la plus subtile, ils l'ont nommé la partie volatile, qui retombant fait d'elle-même les imbibitions & calcinations nécessaires, & qui tant plus elle continue de s'élever, tant plus elle se subtilise, & plus aussi elle calcine mieux ce corps, & cette calcination est la purgation de la Pierre ; & le vrai signe de la calcination parfaite, est la congélation du mercure, & la congélation est une fixation des esprits ; en telle sorte qu'après un grand temps ; de noir & immonde qu'il était, il semble qu'il ait été nettoyé, purgé, purifié & savonné, tant il a de blancheur ; c'est pourquoi les Maîtres de l'Art lui ont donné les noms de lavements, purgations, purifications, savonnement & d'ablutions ; au commencement l'eau paraissait, car le mercure est eau ; mais quand cette eau est épaisse & que le noir se fait voir, c'est pour lors la terre noire qui se fait voir.

Les circulations dont la calcination & la calcination est la purgation de la pierre.

La calcination parfaite est la congélation du mercure, & la congélation une fixation des esprits

Il appert donc, que par cette putréfaction, on fait la séparation du pur & de l'impur : ce que la Nature n'a pu faire, mais c'est à l'Artiste à qui ce pouvoir est dévolu : ce qui étant bien fait, la matière ne peut plus demeurer dans son espèce, ni dans sa forme, mais bien dedans le genre & dans la sienne, & ainsi la matière est disposée à recevoir la forme de tous les métaux, & est une opération, qui la dispose à la séparation de toutes les parties qui la compose, n'étant point permis à l'Artiste, ni même aux Anges de détruire le genre, sans une particulière permission de Dieu, qui l'a ainsi voulu dès le commencement & dès la création de tous les êtres.

Par la putréfaction on fait la séparation du pur & de l'impur.

La nécessité de la putréfaction est évidente, puisque sans elle l'ouvrage ne se peut faire, d'autant qu'il ne se fait point de génération d'une nouvelle forme si la première

La putréfaction est nécessaire & pourquoi.

n'est corrompue ; c'est pourquoi cela se doit faire en notre mercure, à cause des imperfections qui l'accompagnent, desquelles il le faut dégager par diverses altérations. Or les signes d'une vraie & bonne putréfaction sont une noirceur très noire ou très profonde, une odeur puante, mauvaise & infecte, dite des Philosophes, *toxicum* & *venenum*, laquelle odeur n'est pas sensible à l'odorat ; mais seulement à l'entendement ; & quand elle devient comme une huile très noire, & tant que cette couleur dure, c'est la femelle qui domine, c'est à dire le volatil.

Tant plus la noirceur est grande, tant mieux vaut la putréfaction.

La volatile dure jusqu'à la blancheur parfaite.

La noirceur est la vraie putréfaction ou corruption naturelle de la pierre, & cette corruption est le principe de nouvelle génération, & de nouvelle forme : & par la continuation de la chaleur, la nouvelle forme s'introduit & parait, qui est la couleur blanche tant désirée, qui en son commencement n'est qu'un petit cercle blanc, que *Flamel* nomme blancheur capillaire, qui s'augmente peu à peu & insensiblement, & enfin vient en une parfaite blancheur très éclatante, qui témoigne que la pierre est privée de toute humidité superflue : & quand cette blancheur parait, c'est le signe que l'œuvre approche de sa fixation ; & quand *Hermès* dans son Testament dit, toute sa force est convertie en terre, c'est-à-dire en fixation.

A la blancheur la pierre est privée de toute humidité superflue.

A la blancheur la pierre approche de sa fixation.

Le mariage Philosophal de mâle & de femelle, ou l'union du corps & de l'esprit, se fait premièrement pendant la noirceur ; & quand par l'opération l'esprit se spiritualise & volatilise son corps, & que le corps corporalise & fixe l'esprit qui de sa nature est volatile : pour lors ils sont fait un, & ne peuvent jamais être séparés & désunis, étant tous deux spirituels & corporels, mais d'une corporalité spiritualisée.

Le vrai mariage Philosophal quand il se fait

Le corps de la pierre devient esprit.

# CHAPITRE VI.

## *Elixir Blanc.*

**D**ans cette noirceur, la blancheur est cachée, & entre ces deux couleurs plusieurs autres se font voir ; à savoir, quelque rougeur, la couleur citron, & une couleur verte, laquelle verdeur est le signe du commencement de la végétation de la pierre : après cette verdeur, on voit une autre rougeur, & ensuite la vraie blancheur, dans laquelle la vraie rougeur est cachée ; & entre la vraie blancheur & la vraie rougeur, les couleurs précédentes se font encore voir, mais elles ne durent pas tant, & diverses rougeurs paraissent devant la vraie rougeur, qui est de couleur Pavot.

Couleurs qu'on voit entre la noirceur & la blancheur.

Quand la pierre commence de végéter.

Couleurs qui se font voir depuis la blancheur jusqu'à la vraie rougeur.

Lorsque la mère a mangé son enfant ; c'est-à-dire, lorsque la terre qui est fixe, a bu toute son eau, qui est le volatile, une simple blancheur ne suffit pas pour la perfection de l'Elixir blanc, d'autant que le milieu peut avoir encore de la noirceur ; c'est pourquoi il faut continuer le feu jusqu'à la couleur citrine, qui dénote que tout le compost est parfait au blanc : & c'est alors une Nature neuve exempte de toute terrestréité & sulfuréité corrompante. Cet Elixir s'appelle de plusieurs noms ; savoir Soufre de nature, Soufre blanc, & Elixir, ou la Pierre au blanc.

La mère a mangé son enfant, ce que c'est-à-dire.

La couleur citrine est le signe de la parfaite blancheur.

Divers noms de la pierre blanche.

Un Philosophe dit : Que dans le même temps de la déalbation, toutes les couleurs dont nous avons parlé ci-dessus, se perdent & s'unissent en elle : & comme la noirceur est le principe de l'œuvre & la première couleur qui paraît à nos yeux, de même la blancheur est la couleur moyenne entre la noirceur & la rougeur ; par laquelle couleur moyenne, il faut

La blancheur est la couleur moyenne, entre la noirceur & la rougeur.

nécessairement passer pour aller à la citrine, qui est la digestion parfaite : de même, que la blancheur n'est autre chose que la purgation ou nettoiement de la noirceur, ce qui se fait par la seule continuation du feu.

La blancheur est la purgation de la noirceur.

En ce même temps, dis-je, l'âme entre dans son corps, & la teinture s'y joint aussi : cette union de l'âme au corps est une œuvre divine, parce que cela dépend de Dieu seul & de la Nature dans laquelle il agit ; & ce temps est celui auquel *Morien* dit qu'il y aura de grandes merveilles, qui est celui de la déalbation, auquel l'âme entrant dans son corps, le fixe & l'élève en une teinture permanente au blanc & au rouge ; savoir, au blanc dans son extérieur, & au rouge dans son caché : & cet Elixir blanc en son manifeste qui contient l'or en son occulte, est l'or blanc des Philosophes ; & l'or rouge en prochaine puissance, c'est-à-dire en son caché. Et lorsque cet Elixir blanc est projeté, il donne le poids de l'or aux métaux qui reçoivent cette projection ; ce qui n'arriverait pas, si l'or n'était compris sous cette substance blanche : cette âme qui entre dans son corps, est la vertu de la matière, & l'esprit est la matière volatile. Dans le Livre des *sept Sceaux*, cet Elixir blanc est nommé Anneau d'or couvert d'argent, c'est-à-dire la Pierre des Philosophes qui en son profond est mâle & or, & en son extérieur est argent & femelle.

Quand c'est que l'âme entre dans son corps.

L'âme fixe le corps & le teint invariablement.

L'or blanc des Philosophes qui donne le poids de l'or aux métaux, & pourquoi.

Distinction de l'âme & de l'esprit.

L'anneau d'or couvert d'argent.

On rencontre souvent dans les Livres des Sages les termes *de tuer, souper la tête & semblables*, qui ne veulent dire autre chose, sinon *fixer* ; parce qu'en tuant un animal avec une épée, qui est le feu des Philosophes, son sang sort de son corps dans lequel consistent & résident les esprits de sa vie : de même, lors de la fixation, toute la volatilité, qui représente le sang & les esprits, ne parait plus. C'est ce que dit *Hermès*, en ces termes : *Que la Pierre a pour*

Que signifie tuer & couper la tête.

L'épée est le feu des Philosophes.

*lors la force des choses supérieures & des inférieures,* c'est-à-dire des spirituelles & corporelles qui sont unies ensemble dans la fixation. Et si cet Elixir blanc n'a pas d'ingrès ou fusion, il faut l'incérer peu à peu, ou goutte à goutte avec l'huile blanc des Philosophes, jusqu'à ce qu'elle flue comme cire, dont la meilleure manière est celle qui se fait par imbibition dans la multiplication, dont nous parlerons ci-après. Quand ont est parvenu à cette blancheur parfaite, les Philosophes disent qu'ils ont coupé les pieds à mercure, parce que tout est réduit en fixation ; & cette fixation coupe aussi les pieds au volatile des métaux imparfait, ce qui sera plus amplement expliqué dans l'Article de la Projection.

# CHAPITRE VII.

## *Elixir Rouge.*

Nous avons dit ci-devant, que la Nature contient en soi tout ce qui est nécessaire, & que pour se perfectionner, elle n'avait besoin que du secours de l'Art, qui lui fournit un feu égal, continuel & proportionné, avec lequel tout l'ouvrage se fait dans un seul vaisseau, sans qu'il soit nécessaire de l'ouvrir jusqu'à la fin. Par la continuation de ce feu, nous avons vu la noirceur ou la putréfaction & corruption de la matière : & par cette même continuation sans addition d'aucune chose, nous sommes venus à la blancheur & fixation des esprits avec son corps qui ont fait l'Elixir blanc parfait. De même par la prolongation du feu, ce qui était blanc & argent, devient rouge & or parfait ; c'est-à-dire, que le soufre blanc de l'argent-vif des Philosophes, devient leur soufre rouge & leur Elixir parfait au rouge, que quelques-uns appellent *Crocus*, qui ne change plus de couleur en couleur, & qui retient celle du feu, qui alors prédomine & contient en soi & en son caché toutes les autres couleurs précédentes.

Le Crocus des Philosophes.

Cet Elixir rouge, ou Pierre des Philosophes au rouge, est celle qui est la seconde, & qui a acquis sa dernière perfection, lorsque ce rouge ne change plus, & qu'il est venu à la couleur du Pavot ; & lorsqu'étant mis au feu, il fond comme de la cire, qu'il y persiste & n'y diminue point, ne faisant ni fumée, ni aucun bruit ou pétillement, & qu'il s'attache & s'unisse inséparablement avec toute lamine de métal embrasée, & la teint de sa teinture, la fixe & lui donne son poids & sa perfection auréique, & par même moyen toute sa nature &

Le signe du rouge parfait.

son excellente incorruptibilité, en laquelle tous les éléments y sont fortement mêlés les uns dans les autres dans un tempérament d'égalité, qui ne peut plus souffrir d'altération, ni de contrariété.

Cette rougeur est nommée la Racine du ferment du Soleil & de la Lune : premièrement de la Lune, parce que l'argent-vif dominant dans la première fixation, y donnait sa couleur blanche ; & dans la seconde, c'est le soufre qui prédomine par la vertu & impression du feu, qui est attribué au Soleil.

La rougeur est dite la Racine du ferment du Soleil & de la Lune.

L'ouvrage des Philosophes si excellent & si caché, est donc achevé, sur lequel il est besoin de faire quelques belles & solides réflexions, & notamment qu'il a été commencé par l'élément terre, qui a été réduite en eau, puis l'eau en air, l'air en feu, & enfin le feu en fixation, c'est-à-dire en terre, & partant qu'on achève par où on avait commencé : c'est là, ce que les Philosophes veulent dire, quand ils parlent de la conversion des éléments les uns dans les autres, parce qu'ils symbolisent & conviennent en matière prochaine, laquelle conversion est toute Philosophique, & bien éloignée de celle des Chimistes, qui font cent brouilleries sans raison ni jugement & ils prétendent séparer les éléments les uns des autres ; ce qu'ils ne peuvent faire parfaitement, d'autant qu'ils sont naturellement inséparables.

On achève l'ouvrage par où il a commencé.

Ce qu'entendent les Philosophes par la conversion des Eléments.

La séparation des Eléments par les Chimistes.

Erreurs des Chimistes.

Ils prennent ordinairement dans toutes leurs opérations, le contre pied de celles des vrais Philosophes, ne mettent-ils pas de l'or pour le ferment rouge, & de l'argent pour le ferment blanc : ce qui est contraire au sentiment des Sages, qui veulent que la pierre rouge & blanche soient sous un même sujet, & sous une même matière. Ils laissent même leur travail à la moitié de l'opération, pour le reprendre & le continuer après un longtemps, contre le vrai chemin de parvenir au but, & de la continuation sans intermission, que les Sages ordonnent à l'imitation de la Nature, qui agit toujours sans aucune interruption de temps.

Cet Elixir ou rouge ou blanc, donne la vie aux métaux qui sont mort, & qui sont détachés de la Minière, lesquels animés par la grande perfection ignée qu'il leur communique sont rendus capables de communiquer leur vie, & rendre aussi la vie à d'autres métaux qui sont demeurés en arrière par leurs impuretés, & la privation de la vie qu'ils avaient dans les entrailles de la terre. Effets de l'Elixir.

Quand on est parvenu à l'Elixir parfait, il ne faut point mettre entre deux creusets d'Adaptation, sinon quand on a mis l'or minéral purgé dissoudre dans le mercure Philosophal, qui est un amalgame, (et qui fait une Pierre beaucoup moins parfaite que la première où on n'en met point) devant que les mettre cuire : auquel cas, il faut le mettre dans l'un des creusets, dont il est parlé ci-dessus, & le poser pendant trois jours & trois nuits, au feu de Réverbère ou de verrier : après lequel temps, on l'ouvre, & on trouve au fond une terre séparée & sous l'Elixir, laquelle terre n'est autre chose, sinon la terrestréité & mauvais soufre de l'or qui a été dissout dans ladite eau mercurielle : & si ce soufre n'eut été séparé, il eut empêché qu'elle n'ait fusion ; mais vous leur donnez l'un & l'autre par les imbibitions & multiplications lorsque vous faites votre ouvrage, selon le desseins des Philosophes. Quand c'est qu'il faut se servir du creuset d'adaptation.

Ce qui empêche l'ingrés de la pierre.

Ce qui empêche la fusion

Et quoique je demeure d'accord que mettant de l'or pour ferment dissoudre dans le mercure Philosophal, on puisse faire la pierre : je ne dis pourtant rien de contraire à ce que j'ai avancé ailleurs, lorsque j'ai déclaré qu'il n'y avait qu'une matière, & un seul régime ou moyen d'opérer, parce que cet or minéral est homogène avec l'or Philosophique, quoique accompagné de beaucoup de mauvaises qualités & terrestréités ; & lorsque j'ai blâmé les Chimistes de mettre de l'or minéral pour ferment, c'est d'autant qu'ils le font dissoudre dans des eaux fortes, qui sont de mauvais dissolvants & qui le gâtent, & qu'ils n'ont pas la connaissance du mercure des Sages, ni de sa matière, par quoi ils ne peuvent jamais réussir, quand même ils seraient dans le vrai chemin d'opérer.

L'or minéral quelque purgé qu'il soit, a en soi des qualités & terrestréités mauvaises.

# CHAPITRE VIII.

## *De la Multiplication.*

Quand on est parvenu à cet Elixir rouge parfait, il ne se faut pas rebuter du long travail passé, car on n'a encore fait que la moitié de l'ouvrage, d'autant qu'il est en trop petite quantité, & qu'en s'en servant aux maladies des métaux imparfaits, des végétaux, & des animaux, il serait bientôt consumé s'il n'était multiplié, & il serait fâcheux de recommencer encore, comme fit *Flamel* jusqu'à trois fois, un œuvre si long & si ennuyeux ; c'est pourquoi il est nécessaire d'ajouter ici le moyen de le multiplier, sans perdre tant de peine, & employer tant de temps qu'on peut épargner, afin qu'ayant toujours ce trésor en abondance, il ne puisse jamais vous manquer, d'autant qu'on peut l'augmenter presque à l'infini par plusieurs multiplications, qui l'augmentent notablement en quantité & qualité : ce qui sera expliqué ci-après.

La multiplication est nécessaire & pourquoi.

L'Elixir est un trésor inépuisable lorsqu'il est augmentable.

Quelques demi Savants ont voulu que la multiplication fut impossible ; mais s'ils eussent bien considéré de quelle manière la Nature se perpétue, ils eussent changé de sentiments, car ils eussent appris que toute chose naissante & croissante, est multipliée & augmentée par sa semence, comme ils est manifeste aux végétaux & animaux, & qu'il en est de même à eu près des métaux, qui ont pourtant cela de différence avec les autres êtres sublunaire, qu'ils ne se multiplient pas d'eux mêmes comme eux ; mais qu'ils se multiplient presque à l'infini, lorsque l'Art en a tiré la semence, qu'il purifie premièrement de leurs terrestréités & hétérogénéité, & ensuite pousse cette semence à

Toute chose naissante & croissante est multipliée par sa semence.

Différence de la multiplication des métaux & de celle des autres êtres.

un tel degré, qu'elle fait des générations prodigieuses, & qui surpassent l'imagination.

L'ouvrage de la multiplication se fait en deux manières ; savoir, selon l'espèce & selon le nombre. Elle se fait selon l'espèce par rétrogradation, en mettant du mercure Philosophal sur la moitié de votre poudre, en sorte qu'elle n'en soit pas noyée ou couverte, mais seulement à demi pour la première fois, & aussi pour le dernière ou la septième, ou bine si vous en mettez d'avantage, que ce soit au plus aux deux tiers ; le mercure dissoudra cette poudre ou cet Elixir qui sera dans l'œuf, lequel aura été scellé du sceau d'*Hermès*, comme il a été dit ci-devant, puis mis a cuire sur les cendres dans le fourneau Philosophal, par le feu des Sages, du premier degré, ainsi qu'il a été fait dès le commencement ; car ce mercure qui est cru, & qui n'a pas été cuit, décuit l'Elixir & le réduit en eau comme lui, c'est ce qui s'appelle rétrogradation.

*Il y a deux manières de faire la multiplication.*

*Ce que c'est que la rétrogradation.*

Et pour le conduire ou le réduire au même état de coction & de perfection qu'il était auparavant, il faut le cuire de nouveau & recommencer l'ouvrage comme la première fois ; mais aussi l'opération ne durera pas si longtemps que la première, & ne sera au plus que de cinq mois, à cause que le feu central de la matière qui avait été portée jusqu'à la perfection, & qui se trouve dans l'œuf, est notablement augmenté, & toutes les couleurs qui s'étaient fait voir dans la première opération, recommenceront à paraître selon leur rang & l'ordre précédent, mais ils ne dureront pas tant beaucoup près.

*La première multiplication ne durera au plus que cinq mois.*

*Toutes les couleurs se font voir comme à la première opération, mais durent moins.*

*A chaque multiplication le temps de l'ouvrage diminue toujours, & pourquoi.*

Et lorsqu'on sera encore parvenu au rouge parfait comme la première fois, on recommencera derechef comme ci-devant à mettre du mercure Philosophal dans l'œuf sur l'Elixir, & on le mettra cuire de la même manière & au même feu ; & on réitérera cette opération tant & tant de fois qu'on voudra, moyennant qu'on ait toujours de quoi fournir, a faire du mercure : & à chaque multiplication qu'on fera, le temps de l'ouvrage diminuera toujours, & enfin sera si court, qu'en moins de demi quart d'heure tout le travail sera achevé, par la raison susdite, que le feu central de la matière a toujours plus d'extension.

Ce n'est pas le tout que le temps diminue si notablement chaque fois qu'on recommence, mais l'Elixir augmente aussi, non seulement en quantité de matière parfaite ; mais encore il augmente à chaque fois en qualité, c'est-à-dire, que si au commencement un poids n'allait que sur dix ; à la première multiplication il ira sur cent ; à la seconde sur mille ; à la troisième sur dix mille ; à la quatrième sur cent mille, & ainsi augmente toujours de dix en dix à chaque multiplication ; & en continuant, il augmente jusqu'à l'infini. D'où on doit conclure, que si on s'était contenté, lorsqu'on est parvenu au blanc ou au rouge parfait, sans faire les multiplications ; outre qu'on aurait peu d'Elixir, on se serait fait grand tort, puisque les multiplication de l'Elixir s'étendent si fort & se font en si peu de temps ; & par ce moyen, on se fait un fond & un trésor inépuisable, qui vaut mieux que tous les trésors du Monde unis ensemble.

*La multiplication est en augmentation de matière & de qualité, & de force ou de vertu.*

Il faut pourtant observer : Que quand j'ai dit ci-dessus qu'on pouvait emplir l'œuf jusqu'à la moitié ou aux deux tiers au plus, que cela se doit seulement entendre, pour la première opération ; car pour les autres il y aurait du péril, à cause du feu central & interne de la matière qui augmente toujours à chaque multiplication, & pourrait rompre le verre, pour n'y avoir pas assez d'espace ou d'air pour les

L'air qui est le vide du vaisseau est une des petites clefs de l'œuvre.

Il est bon d'avoir plusieurs fourneaux à la multiplication afin de gagner le temps.

circulations des esprits ; c'est pourquoi l'Artiste prudent doit régler cet espace, à proportion de l'extension du feu de la matière ; car l'air est une des clefs à l'œuvre, sans laquelle on ne peut réussir, c'est-à-dire un des plus grands secrets du travail de la Pierre.

Mais quand vous aurez retranché de votre poudre à chaque multiplication, si vous aviez d'autres fourneaux, pour cuire le mercure que vous lui ajouteriez pour la dissoudre, vous gagnerez bien du temps, & vous ferez quantité d'Elixir d'une élévation prodigieuse : & quand vous n'avez pas de fourneaux autant qu'il vous serait nécessaire, il faut mettre chaque poudre à part dans des vaisseaux de terre ou de verre bien bouchés & mis dans un lieu sec, afin qu'il n'y entre aucune poussière ou ordure, ni aucun air humide ; & à chaque vaisseau y mettre un écrit contenant le nombre de ses multiplications, afin de les mettre toutes d'une même qualité & élévation, commençant toujours par la plus éloignée, à mesure que vous recommencerez.

Quand vos multiplications ont tant d'étendue qu'elles se font dans l'espace d'un *miserere*, à cause de leur grande subtiliation, vous pouvez diminuer quelques fils de la mèche, d'autant que pour lors la matière n'a pas besoin de tant de feu externe comme par le passé, à cause qu'elle en a toujours acquis de plus grand, à mesure qu'elle a été multipliée, & il lui suffira d'un feu si modéré & si faible, qu'il ne fasse qu'exciter tant soit peu son feu central. Et si votre matière est si subtile, à cause du grand nombre des multiplications, qu'elle pénètre les parois du vaisseau, il faudra en demeurer là, & ne la pas pousser plus haut : ou bien mettre peu de votre poudre, & la noyer de votre mercure, gardant toujours la proportion de laisser vide au moins, les deux tiers de votre vaisseau ou

Diminution des fils de la mèche nécessaires & quand.

Espèce de rétrogradation.

œuf ; quoi faisant, vous vous satisferez & augmenterez toujours vôtre Elixir en quantité & qualité par cette autre espèce de rétrogradation.

Nous avons dit ci-devant, ce que c'était que la sublimation Philosophale, & qu'elle est une exaltation à un plus haut degré de perfection ; de sorte que tout le premier travail de la pierre jusqu'au rouge parfait, en ce sens, se doit appeler être sublimé de première sublimation ; & les autres travaux de la pierre, ou les multiplications, sont aussi des sublimations de seconde, troisième, quatrième, cinquième, sixième & septième sublimation, etc. d'autant que la pierre est toujours élevée à une plus haute perfection par chaque multiplication.

L'autre espèce de multiplication, qui est selon le nombre, se fait par la projection d'un poids sur cent, & d'un poids de ces cent sur cent autres ; & encore de même, & c'est toujours Médecine. Mais cette multiplication de nombre, n'est dite multiplication que très improprement, d'autant que l'état de perfection de la pierre diminue au lieu d'augmenter, & diminue toujours à proportion qu'elle s'éloigne de sa dernière sublimation ; & cette décadence, est une rétrogradation simple, & non pas de la nature des précédentes. Mais la vraie multiplication Philosophale, est une multiplication en quantité & qualité de force & de vertu, qui arrive à la matière dont nous avons parle ci-dessus.

Cet Elixir étant venu en sa perfection, est très pur & très subtil ; & tant plus il est subtilisé par les imbibitions & les multiplications, tant plus il est pondéreux, l'or minéral est de même qui augmente son poids à mesure qu'il est plus purifié par le moyen de

l'Art. Mais l'or de rivière, n'a pas une couleur
aurique profonde, étant à demi blanc faute de
coction, & ne monte que jusqu'à quatorze
carats, & à cause de cela est plus léger, & a
aussi plus de volume que l'autre.

# CHAPITRE IX.

*De la Projection.*

Le temps des moissons est la fin du travail & la possession de la, pierre.

L'Artiste doit être prudent à cacher son trésor & sa science & à les débiter

Aprés tant de travaux & tant de difficultés surmontées, l'artiste est enfin arrivé à la joie tant désirée, & au temps des moissons, comme disent quelques Philosophes. Il ne tiendra plus qu'a lui de jouir pleinement du fruit de ses labeurs & de son bonheur, usant avec grande prudence des grands biens qu'il a en sa possession, c'est-à-dire avec une grande modestie & discrétion, pour la gloire de Dieu, le bien de son Eglise, & le soulagement des Pauvres, Dieu les lui ayant donné à ce sujet, & pour en user pour son propre salut, & non pas pour les possessions des honneurs & vanités de ce monde.

Il est donc maintenant question de savoir, comment on doit se servir de cette poudre si admirable, afin de purger les métaux imparfaits de leur lèpre, & les convertir en or parfait, ou en argent, suivant la qualité de la poudre. Cette partie de l'ouvrage s'appelle la projection qui se fait en deux manières. La première, réduisant le métal en forme mercuriale, c'est-à-dire en fondant le métal mou dans un creuset par le moyen d'un feu convenable, ou bien les métaux durs, comme le fer & le cuivre réduit en lamines, & en forme de feu, c'est-à-dire, enflammées ou ignifiées.

La projection se fait en deux manières.

La projection qui se fait sur les métaux mous, comme le plomb & l'étain est la plus excellente manière, la plus prompte & la plus commode, & se fait comme il s'ensuit. On prend cent poids de l'un ou de l'autre de ces métaux, on les met fondre dans un creuset, & étant en cet état, vous mettrez un poids de la poudre

La projection sur les métaux mous.

dans un petit morceau de papier, & le jetterez dans ledit creuset, dans ce moment l'Elixir se fond & pénètre le métal fondu jusque dans son intime, d'où il s'élève un grand feu, dans lequel diverse couleurs paraissent ; lesquelles passées & le feu apaisé, après un *miserere*, vous laisserez refroidir le creuset, puis ôtez la matière, & vous verrez la séparation que l'Elixir à faite des impuretés corrompantes du métal ; lesquelles rejetées vous vous conserverez le surplus, qui est aussi une Médecine sur d'autre métal ; c'est pourquoi, vous prenez un poids u poids de ces cent convertis en Médecine, & faites comme devant, & tout est encore Médecine, laquelle est frangible comme du verre, & vous réitérez toujours cette même opération, jusqu'à ce que votre matière devienne de la même couleur que l'or le plus pur.

Dans la projection l'Elixir fait la séparation des impuretés du métal.

Il serait bien aisé de rencontrer à point nommé le nombre des poids & la juste proportion que l'Elixir en convertirait tout d'un coup, sans tant de fois réitérer la même opération, mais je n'en parlerai point ; car il ne faut pas se servir de cette voie, d'autant qu'il y aurait trop de perte, par la réaction qui se ferait. Et en la faisant comme ci-dessus, la poudre en convertira bien d'avantage, c'est pourquoi il est mieux d'opérer par degrés. De même quand on veut s'en servir en Médecine, pour l'animal ou pour le corps humain, il faut dissoudre un grain d'Elixir dans un esprit convenable à la nature de la maladie, comme dans l'esprit de vin, de miel, ou d'autre : même dans de l'eau, s'il est expédient, en petite quantité, c'est-à-dire environ une verrée, puis prendre un peu de cette verrée & le mettre sur une autre verrée, & continuer ainsi jusqu'à ce que vous voyez que la couleur ou teinture soit devenue faible, & de cette manière l'Elixir sera

Pourquoi il ne faut pas projeter sur autant de métal que l'Elixir en peut convertir tout d'un coup.

Comment il faut se servir de l'Elixir en Médecine.

bien proportionné pour être pris par la bouche en petite quantité dans une verrée de liqueur propre à la maladie, ou dans un bouillon, ou bien appliqué sur une maladie externe, comme nous dirons ci-après.

La première raison en est, que si on en mettait une si grande quantité tout d'un coup, l'Elixir serait noyé, & sa vertu ne s'étendrait pas si loin, que si vous n'y en mettiez qu'une petite portion. Première Raison.

La seconde raison, c'est que la pierre n'a pas acquis sa grande extension & élévation, que successivement & de degré en degré, & qu'il faut se servir des mêmes voies pour la faire rétrograder sans lui causer de violence & la bien réduire à la proportion requise pour s'en servir avec sûreté par la bouche ou par application extérieure. Seconde Raison.

Autre manière de projection. Ou bien, on met en projection un poids sur mille du corps plus prochain fondu, & on met le vaisseau au four à quatre registres, & il est laissé là pendant trois jours astronomiques pour se bien mêler, lui donnant petit feu au commencement, & l'augmentant de temps en temps & de degré en degré selon l'Art ; lequel temps passé, on laisse doucement refroidir le vaisseau, ayant ôté la plupart du feu, & laissant mourir le reste de lui-même faute de nourriture. Et quand le tout sera froid, prendre encore mille poids, les faire fondre, & prendre un poids de ces mille qui ont été convertis ; cela est fait en un jour, & réitérer encore la même opération & cela est fait en un instant, qui est un grand secret.

L'Elixir s'étend d'avantage sur le métal le plus proche de sa nature. Or le métal le plus prochain est celui qui symbolise d'avantage avec l'Elixir, parce qu'il est plus facilement, plus promptement & plus parfaitement converti, que ceux qui en sont plus éloignés, & conséquemment qui ont moins de convenance avec lui, quoiqu'il les perfectionne tous, mais avec moins d'étendue les uns que les autres ; d'autant que la Nature qui est projetée sur sa même nature, s'y unit plus promptement & plus facilement que dans un autre corps qui lui est étranger.

Ou espèce & pourquoi.

Quand on fait la projection sur la Lune, l'Elixir a bien de l'étendue, parce qu'elle approche de la perfection, & qu'elle ne manque que d'un peu de coction, de fixité & de couleur, il répare tous ces défauts, lui donnant le poids de l'or ; mais il fait la séparation de ce que cette Lune avait d'impur & de mélange d'autres métaux imparfaits, dont les soufres étaient combustibles ; mais quand la projection se fait sur le mercure commun ou du vulgaire, bien purgé par le sel & le vinaigre & passé par le chamois, ou bien mis dans un mortier de pierre ou de verre, avec du saindoux de porc, & pareille quantité de térébenthine, & là bien battu & mêlé, puis versé par inclination, il est excellemment purgé en peu de temps de toute terrestréité, & c'est à mon avis la meilleure & la plus prompte manière de la préparer ; car tout ce qu'il a d'impur demeure dans cette graisse, & il sort de ce mortier aussi beau que de l'argent.

La projection sur la Lune, a bien de l'étendue, & pourquoi.

Comment il faut faire la projection sur le mercure du vulgaire.

La meilleure manière de purger le mercure commun.

Quand on veut faire la projection sur ce mercure purgé de l'une de ces manières, il la faut faire comme suit. On met le mercure dans un creuset sur peu de charbons ardents afin de l'échauffer, & lorsqu'il frémit ou commence à bouillir & à vouloir fuir, c'est alors qu'il faut projeter peu de votre poudre dessus, laquelle sentant la chaleur, se fond à l'heure même, pénètre ledit mercure, & l'environnant de toutes parts, l'empêche de s'exhaler ; & quand ils ont été ainsi un petit quart d'heure, & que toutes les couleurs ont cessé, ôtant le feu, vous laissez doucement refroidir, pour lors la

La projection sur le mercure commun purgé, ne sépare rien n'y ayant plus d'impuretés.

conversion est faite ; & les pieds & les ailes du mercure ont été coupés, puisqu'il est fixe, & qu'il a perdu toute sa volatilité ; mais dans ce mercure l'Elixir n'a rien séparé, d'autant qu'il n'y a point trouvé d'impureté & de terrestréité corrompante, & qu'il est tout de sa nature.

Il y a deux belles raisons pour lesquelles l'Elixir sépare le pur de l'impur des métaux imparfaits. La première, c'est que la pierre étant très pure & parfaite, est aussi tout feu, & ce feu ne peut souffrir aucune impureté & corruption, non pas même celles des autres éléments avec lesquels il sympathise. La seconde, c'est que ces impuretés sont des corps étrangers à la pure substance métallique, avec lesquels les métaux parfait ne se peuvent parfaitement unir. Cette seule raison bien appuyée de l'expérience devrait convaincre d'erreur tous ceux qui prétendent donner aux métaux imparfaits, des teintures tirées des corps étranges, & qui ne conviennent point en nature & espèce avec eux.

Pour quelles raisons l'Elixir sépare le pur de l'impur.

Les teintures des corps étranges à la nature métallique ne peuvent s'y unir parfaitement, & pourquoi.

Les métaux ont leur mercure qui est pur, mais ils ont deux soufres ; l'un pur, & l'autre impur, mauvais & combustible. Quand donc on fait la projection sur un métal, l'Elixir s'attache toujours fortement à ce qui est pur comme lui, qui est le mercure & le soufre pur, & chasse ce qui ne l'est pas, par les raisons précédentes.

La projection sur le mercure des métaux imparfaits.

Et ceux qui font la projection sur le mercure des métaux, ne font pas mal, mais ils se donnent beaucoup de temps & de dépenses inutiles, puisque l'Elixir de lui-même purge les métaux de leurs hétérogénéités, & s'attache fortement à leur mercure & leur bon soufre, qui de sa nature est très fin & très pur ; duquel soufre pur, & séparé du soufre brûlant & impur, si l'Artiste faisait la projection sur quelque métal comme sur la Lune, il ne lui donnerait pas la couleur auréique, le poids, le volume & le son de l'or ; d'autant que le soufre seul, ni le mercure seul ne peuvent produire une teinture auréique, mais bien lorsqu'ils sont joints & unis ensemble, & qu'ils sont réduits en leur principe, digérés selon l'Art & poussés jusqu'à la perfection auréique : or ce soufre n'ayant pas ces qualités ne peut donner une telle teinture, mais seulement & au plus, celle du métal duquel il a été tiré.

Quand la projection est faite une ou deux fois, comme nous avons dit ci-devant, elle est Médecine, mais elle est frangible ; & lorsqu'elle vient en un état qu'elle n'est plus Médecine, & qu'elle est encore frangible, le secret de lui ôter cette frangibilité, est de la passer à la coupelle sans y ajouter du plomb, d'autant qu'elle se purifiera bien d'elle-même dans l'espace de trois heures, & vous l'aurez exempte de ce défaut.

A l'égard des métaux durs, lorsqu'ils sont réduits en plaques ou lamines, il est nécessaire de les mettre dans un feu, qui leur communique fortement son impression ignée, en sorte qu'elles ne paraissent que feu ; pour lors un peu de votre Elixir mis dessus, les convertit parfaitement en or ou argent, suivant la qualité de l'Elixir, d'autant que par le moyen de cette forte ignition, l'Elixir se fond & pénètre ces métaux, jusque dans leur intime, à cause que leurs pores sont ouverts.

Cette pénétration & conversion se fait encore mieux, lorsqu'on dissout un grain de l'Elixir dans un esprit comme est l'esprit de vin, d'eau de pluie ou de rosée cinq ou six fois rectifiées, dont on emplit un verre & qu'on prend une plume dont on imbibe le petit bout de la peluche de ladite liqueur, de laquelle peluche on touche légèrement en divers endroits les lamines enflammées. C'est une merveille surprenante, de voir qu'en un moment la pénétration, la conversion, la teinture & la fixation sont faites, & ces métaux bien plus légers que l'or reçoivent aussi en même temps le poids & le volume de l'or si l'Elixir est au rouge, & toutes les qualités de l'argent si l'Elixir est au blanc.

Objection. On m'objectera ici, que l'Elixir projeté en cette manière sur les métaux durs & enflammés, ne peut les convertir entièrement comme ils sont en or ou en argent parfait, suivant la qualité de l'Elixir ; d'autant que j'ai dit ci-devant, que quand la projection se fait sur les métaux mous, l'Elixir fait la séparation du pur & de l'impur desdits métaux réduits en forme mercurielle, & ne s'attache qu'à leur pur ; or les métaux durs ont quelques fois plus d'impuretés que les mous, lesquelles l'Elixir ne sépare pas du corps des dites lamines, & par conséquent ne les convertit pas entièrement, puisque les impuretés y demeurent, qui sont des corps étrangers avec lesquels l'Elixir ne se peut parfaitement unir. Je réponds qu'il est vrai Solution. qu'il n'en fait pas alors séparation, à cause de leur forte union avec le corps terrestre qu'il ne peut détruire ; mais s'ils viennent à être travaillés & fondus ou mis aux épreuves ordinaires, c'est alors que ladite séparation se fait & que le pur se détache de l'impur avec lequel il ne peut avoir parfaite union.

Et quoique je n'aie parlé dans la projection que de l'Elixir rouge, la même chose se fait par l'Elixir blanc, sur les métaux imparfaits, qu'il congèle, teint & fixe en argent, qui reçoit le poids de l'or, d'autant que cet Elixir blanc est l'or blanc, auquel il ne manque que la couleur, ou un peu de coction, parce qu'il n'est composé que de trois éléments, & que le feu qui est le Erreur des Chimistes & des Ignorants. quatrième ne lui a pas donné sa dernière perfection. Les ignorants croient, que la

La congélation, teinture & fixation ne sont qu'une même opération.

congélation, teinture & fixation Philosophiques, sont des opérations diverses & différentes ; mais les Sages ne reconnaissent ces trois choses, que pour une seule & même opération Philosophique, quoique s'en soient plusieurs dans l'entendement.

La congélation imparfaite s'en va en fumée lors des épreuves.

Il y a des Plantes qui congèlent le mercure ; mais à la coupelle, tout s'en va en fumée, à cause que la congélation est imparfaite, de même que celle qui se fait à la fraîcheur de la cave, & qui fait des rubis.

Erreur des Chimistes & des Ignorants, à l'égard des teintures.

Il y a bien des gens qui manquent de jugement, quand ils prétendent perfectionner les métaux imparfaits par des choses corrompantes, & par celles qui sont de diverses natures, & même moins parfaites qu'eux. Qu'ils apprennent aujourd'hui que les métaux, même les imparfaits, ne teignent point & ne fixent point, mais qu'ils sont teints & fixés, d'autant que leur soufre manque de coction & est impur ; c'est pourquoi il n'y a que le soufre de l'or & de l'argent des Philosophes, qui soit capable de les congeler, teindre & fixer parfaitement & en même temps, à cause de leur coction & digestion parfaite. Quand je dis qu'il n'y a que le soufre du Soleil & de la Lune, je dis vrai, parce que l'argent-vif de soi n'a point de vraie teinture métallique, ni blanche, ni rouge, mais bien le soufre, qui a même vertu de digérer, congeler & coaguler le mercure.

Les métaux imparfaits ne peuvent teindre, à plus forte raison les petits minéraux qui sont d'une autre nature & espèce.

Or si les métaux imparfaits ne peuvent teindre, à plus forte raison les petits minéraux, qui ne conviennent point avec la Nature métallique, & conséquemment sont des corps étrangers. On a souvent éprouvé la fixation du mercure par l'esprit de la Lune métallique, mais cette Lune diminue toujours de poids aussi bien que d'esprit qu'elle communique au mercure ; or si cette Lune métallique qui

La fixation du mercure par l'esprit de la Lune

approche de la perfection, ne peut fixer le mercure qu'en se détruisant elle-même, que pourront donc faire tous les minéraux ensemble qui sont éloignés, & qui n'ont point de convenance avec les métaux ? Et quand les Philosophes ont parlés des Herbes pour la fixation, il paraît qu'il n'ont dit cela que métaphoriquement ou comparativement, & que leur Lunaire n'est autre chose que la plus pur substance de leur Lune pour le blanc, & de leur or, pour le rouge, & cette pure substance est l'esprit métallique, qui ne peut-être plus pur que dans l'Elixir.

Lorsque les Philosophes ont parlés des herbes pour la fixation du mercure, comment ils ont entendu cela.

Ce que c'est que teindre suivant les Philosophes.

Le nœud gordien des teintures coupé & détruit.

Voyons maintenant ce que c'est que teindre, suivant les Philosophes, c'est donner sa nature & sa perfection à la chose qui est teinte ; or si vous donnez une autre teinture que celle de l'or ou de l'argent des Sages, vous ne teindrez pas en or ou en argent, mais en la nature de la teinture, qui n'est ni or ni argent, & qui n'étant pas de la nature des métaux, ne peut pas s'unir parfaitement avec eux, car toute chose produit & engendre son semblable : or n'étant pas de la nature métallique, elles n'engendreront pas du métal, mais une chose semblable à soi, ou à sa nature, ou au plus quelque chose qui semblera être métal & ne le sera pas en effet ; c'est pourquoi telles teintures s'en vont au feu, & ceux qui les font, au grand chemin du gibet.

# CHAPITRE X.

## *Des merveilles & vertus de la Pierre blanche sur l'Animal, le Végétal & le Minéral.*

Nous avons enseigné dans le Chapitre précédent, le moyen de se servir de la Pierre pour la Médecine des métaux ; en celui-ci, il nous faut traiter des petits minéraux, des Végétaux & des Animaux, où nous verrons encore l'élévation ou exaltation éminente de la pierre sur divers beaux sujets, qui doivent être aussi secrets & aussi cachés que la pierre même, qui fait tant de prodiges, aussi bien que l'étonnement des esprits les plus éclairés.

Un homme qui a une fois fait cet Ouvrage avec les multiplication susdites, n'a plus rien à désirer en ce Monde, sinon d'avoir la liberté d'en user sans crainte, envers les sujets dont nous avons parlé ci-dessus ; car hors de là il ne doit avoir que du mépris pour tout ce qu'il y a d'éclatant en l'Univers, puisqu'il a en ses mains la Médecine universelle qui purge à fond les corps humains & métalliques, à connaissance de laquelle peu de personnes sont parvenues. Cette Médecine guérit parfaitement toutes les maladies de quelques natures qu'elles soient, aux trois règnes de la Nature ; elle fortifie & rétablit l'homme, quelque proche de la mort qu'il soit ; & enfin le rajeunit par son extrême subtilité & pureté qui éloigne toute corruption.

*Le vrai Philosophe ne doit avoir que du mépris pour tout ce qui est au monde.*

L'Elixir blanc fait merveilles aux maladies de tous les animaux, & particulièrement à celle des femmes avec lequel elles ont le plus de sympathie, ainsi que dit un savant Philosophe, qu'avec l'Elixir rouge, le prenant dissout dans une potion convenable au mal ; & lorsqu'on se veut précautionner contre le mauvais air, on en

*Les femmes ont plus de sympathie avec cet Elixir, qu'avec le rouge.*

prend à jeun de dissout dans de l'esprit de vin, comme nous avons enseigné ci-devant, & il donne une force & une vigueur non pareille pour résister à tout air corrompu, & à la Peste même, préserve de plusieurs maladie qui ne font que commencer, car c'est la vraie Lune potable des Anciens, de laquelle ils ont écrit une infinité de choses surprenantes.

L'Elixir blanc est la vraie Lune potable des Anciens.

Entre autres choses, que si une femme voulait se renouveler, & rendre son corps aussi vigoureux qu'il était dans sa jeunesse, s'étant mise par trois fois dans un Bain d'herbes odoriférantes, avec lesquelles elle aurait nettoyé son corps, & s'être essuyée ; elle se mettrait dans un autre Bain sans herbes, dans lequel on aurait mis trois grains de l'Elixir blanc dissout dans une chopine d'esprit de vin six fois rectifié, & ayant seulement demeuré un quart d'heure dans ce Bain, en sortirait sans s'essuyer, mais irait à l'heure même devant un grand feu, dont la chaleur ferait sécher cette eau précieuse sur son corps, & ferait tel effet, qu'outre la vigueur qu'elle donnerait, elle rendrait tout le corps d'une beauté & blancheur extraordinaire. *Hermès* même en demeure d'accord, mais il veut qu'on en ait pris à jeun sept jours de suite dissout en quelque liqueur ; & que si la même personne fait cela tous les ans, elle vivra exempte de plusieurs maladies, & prolongera sa vie de plusieurs années sans aucunes incommodités.

Moyen de se renouveler.

Cet Elixir blanc mis en dissolution dans une chopine d'Esprit de vin cinq ou six fois rectifié, tant qu'il en pourra dissoudre, est la vraie huile de Talc des Anciens, qu'ils ont toujours cachée, quoiqu'ils en aient dit tant de belle choses, & notamment pour la décoration du visage, y mettant dessus une ou deux gouttes lesquelles s'étendent d'elles-mêmes par

Vraie huile de Talc des Anciens.

toute la face, & lui donnent une blancheur si grande qu'elle surprend.

De nos jours, une petite Paysanne toute brûlée des ardeurs du Soleil auquel sa naissance l'obligeait d'être exposée, après s'être bien lavée & décrassée le visage ; deux Dames de conditions pour faire l'épreuve d'une liqueur qu'on leur avait vendue pour la vraie huile de Talc, & qui l'était en effet, lui en mirent deux gouttes sur le visage & continuèrent trois jours de suite, après lesquels cette petite fille paru si changée & si blanche, qu'on avait peine à la reconnaître.

Voici encore une autre chose bien particulière. Une Dame de ma connaissance, à laquelle on avait fait présent de quelques gouttes de cette huile, s'en étant servie, comme il est dit ci-dessus, entretint son visage si beau, & si frais pendant toute sa vie, qui fut assez longue, qu'après sa mort elle ne parut que très peu changée, car cette eau ou huile avait non seulement pénétré sa peau, mais avait passé jusqu'à son crâne, qui après avoir été seize ans en terre, fut vu aussi beau & aussi blanc que l'argent. Ce Secret sans doute détruirait le Proverbe, qui dit : *Que laver un Ethiopien est peine perdue*, car puisqu'il passe jusqu'au crâne, il le blanchirait & ferait pour cet effet tomber plus d'une peau, ou en ferait le changement entier sans cela.

Les Philosophes, pour cacher cet Elixir & son usage, lui ont donné le nom d'huile de Talc : ce qui a obligé bien des gens à travailler sur la Pierre portant ce nom, qui véritablement fait quelques petites choses, mais ce n'est rien en comparaison de notre Elixir, préparé comme nous avons dit.

Les Philosophes ont nommé cet Elixir dissout huile de Talc pour le cacher.

Usage de l'eau
du Bain susdit
pour les arbres
& plantes
moribondes.

L'eau préparée comme celle du Bain, dont nous avons parlé, mise au pied des arbres languissants & moribonds, les ravive & rétabli en peu de temps, & leur fait porter abondance de fleurs & de fruits. Les Plantes délicates & qui ont de la peine à venir dans les climats d'un tempérament contraire à celui qui leur est naturel, en étant arrosées, deviennent aussi vigoureuses que si elles étaient dans leur terroir & solage propre, & ordonné de la Nature.

Divers beaux
effets sur tous
les corps.

Fait des pierres
précieuses.

Ores les tache
de celles qui en
ont.

On peut avec cet Elixir faire des métamorphoses & changement prodigieux sur tous les sujet, comme sur l'émeri, l'acier, le corail, le jaspe, le porphyre, le marbre, & quantité d'autres choses, quoiqu'on n'y conçoive aucune proportion ou homogénéité, sinon très éloignée ; car qui croirait qu'il fut capable de changer les pierres, soit naturelles, soit artificielles, en pierres précieuses, d'ôter toutes les tâches de celle qui en ont ; ce qu'il fait pourtant, en les plongeant seulement dans la liqueur, puis les suspendant pour les faire sécher à l'air & au Soleil, & continuant cela deux ou trois fois ; & si c'était une pierre fine ou diamant qui eut des tâches, le chauffant premièrement à cause de sa dureté difficile à pénétrer, les efface & les rend d'un éclat admirable, & plus beau cent fois qu'auparavant.

D'un Diamant
d'Alençon en un
fin.

En voici un exemple surprenant : *Le Sieur Casteleon* qui demeurait dans la Ville d'Aix, acheta un Diamant d'Alençon qu'il mis au feu, puis dans une fiole où il y avait de l'esprit de vin cinq ou six fois rectifié, dans lequel il avait mis de l'Elixir blanc autant que cet esprit en avait pu dissoudre, le retira de là lorsqu'il jugea qu'il n'avait plus de chaleur ; il le remis au feu, & fit de même le mettre dans une fiole pareille à la première, réitéra une troisième fois à le mettre au feu, puis le remis dans la première fiole ; il le mis ensuite au feu une quatrième fois, & après le plongea dans cette seconde fiole : d'où l'ayant retiré, il s'en alla le vendre comme véritable Diamant fin, dont il eut une somme considérable.

Change le cristal en diamant fin.

L'Elixir réduit le cristal en diamant fin, agissant sur lui si puissamment, qu'il lui donne non seulement l'éclat, le poids & la dureté du diamant, mais le rend diamant en effet en le plongeant plusieurs fois dedans de l'Esprit de vin qui aurait dissout de l'Elixir comme ci-dessus ; mais il faut observer, de ne guère chauffer le cristal pour la première fois, de crainte qu'il ne se calcine ; mais on le peu d'avantage à la seconde, à cause que la liqueur qui l'a pénétré, le préserve de cet accident ; & la troisième fois, il faut le rougir bien fort, afin qu'il soit mieux pénétré.

Ote les taches des perles.

Cet Elixir ôte les tâches des Perles & les blanchit d'un blanc plus éclatant que leur naturel, ôte la couleur à celles qui sont jaunes, leur en imprimant une naturelle. Il dissout sur un feu doux les semences des Perles, & même les plus grosses, en sorte qu'étant réduites en une pâte, un Artiste en peut former de telle grosseur & figure qu'il lui plaira, qui seront non seulement fines, mais encore auront plus de poids, & une plus belle eau qu'elles n'avaient auparavant.

Fait des perles fines plus belles que les naturelles.

L'Elixir rend le verre malléable, susceptible de toutes couleurs, & capable d'extension comme le métal, lui ôtant sa frangibilité : ce qui le rend plus précieux sans comparaison que l'or même, qui n'est pas diaphane comme le verre. Secret qui a été perdu du temps de Tibère, par la mort de celui qui lui présenta un vaisseau de cette espèce de verre, dont il fit l'épreuve en sa présence avec son marteau & une petite Enclume qu'il avait

Rend le verre malléable.

porté exprès. Secret que les Sages ont tenu caché depuis, pour les raisons qu'on peut penser.

Enfin cet Elixir fait tant de merveilles que je n'aurait jamais fait, si je voulais mettre ici tout ce qu'on en dit & écrit ; je me contenterai d'en dire encore une seule particularité, qu'on aurait peine à croire, si un homme digne de foi n'en avait rendu un témoignage authentique, qui est, qu'un linge ou autre chose pénétrable & de matière combustible qui aura été trempé dans ladite eau, le feu ne pourra le consumer, ni même lui donner la moindre atteinte. Je laisse à penser à ceux qui liront ceci, d'où peut lui venir tant de propriétés, & tant d'effets admirables.

*Rend le linge ou étoffe incombustible.*

Le même Elixir guérit aussi toutes les maladies externe du corps, comme sont les ulcères, cancers, écrouelles, loups, paralysies, blessures, & telles autres maladies, étant dissout dans une liqueur convenable, & appliqué sur le mal par le moyen d'un linge imbibé de la liqueur, ou bien appliqué en forme d'emplâtre, comme il sera dit dans l'Article qui suit, qui est l'Elixir rouge.

*Guérit toutes les maladies externes des animaux.*

Les hommes s'en peuvent aussi servir fort utilement, aussi bien que les femmes en toutes les maladies qui leur arrivent, de quelque nature qu'elles soient, ou extérieures ou intérieures, & toutes celles dont les animaux sont affligés.

# CHAPITRE XI.

## *Des merveilles de la Pierre rouge, plus abondantes que celles de la Pierre blanche.*

Après avoir amplement déduit plusieurs merveilles de la Pierre blanche, qui pourtant ne contient que trois éléments, & qui n'a pas encore acquis la dernière perfection de la Nature & de l'Art, d'autant qu'il lui manque l'élément feu, qui la rendrait parfaite en toutes manières, par le tempérament de cet élément avec les trois autres, qui vivent après ensemble dans une concorde & amitié fraternelle, nonobstant leur contrariété naturelle ; c'est pourquoi l'Elixir rouge est bien autre chose que le blanc, envers toutes les maladies des animaux, végétaux & minéraux, ayant bien plus de force, de perfection & d'extension : aussi en faut-il bien moins pour leur parfaite guérison, ce qu'il est aisé de concevoir.

L'Elixir rouge est toute autre chose que le blanc.

Pourquoi l'Elixir guérit toutes maladies chaudes, froides sèches & humides.

Car comme tout ce qui est épars dans la circonférence d'un cercle, est amassé dans son centre en pouvoir, à savoir en un seul Soleil ; de mêmes toutes les vertus Médicinales partagées aux plantes, poissons, oiseaux, animaux terrestres, minéraux & pierres précieuses, sont ramassées en notre Soleil ou Elixir, qui les contient toutes, ayant en soi toutes les qualités élémentaires dans u parfait tempérament, & dans une perfection éminente & digestion complète ; c'est pourquoi il peut guérir toutes maladies, froides ou chaudes, humides & sèches ; ce que les autres choses ne peuvent faire, d'autant qu'elles n'ont chacune qu'une petite participation très faible de vertu pour une maladie particulière.

Je ne répète point ici ce que j'ai dit de l'Elixir blanc, pour en faire comparaison avec le rouge ; mais je dirai seulement, que tout ce que fait le blanc, le rouge le fait encore mieux, & en moins de temps, pour les raisons précédentes, & n'excepte rien sinon la couleur aux choses qui doivent être blanches, parce qu'elle leur est naturelle. Et s'il me faut encore ajouter quelques raisons, c'est que quoique le blanc contienne virtuellement en soi la qualité du feu, il ne le contient pas si parfaitement que le rouge, d'autant que le feu n'a pas encore surmonté en lui les qualités élémentaires, comme il a fait dans le rouge.

Tour ce que fait l'Elixir blanc, le rouge le fait encore mieux & pourquoi.

Quand donc l'Elixir rouge est accompli, il est le vrai or potable des anciens Philosophes, mille fois plus excellent que celui qui se fait avec l'or minéral, quelque épuré & raffiné qu'il soit, notamment s'il est multiplié sept fois, comme nous avons dit en son lieu, faisant toutes sortes de guérisons en moins de temps, & en beaucoup moindre quantité, étant dissout dans une liqueur convenable à la maladie, & préparé comme nous avons dit de l'Elixir blanc.

Le vrai or potable des Anciens.

Guérit toutes maladies plus promptement que le blanc.

Quelques Médecins défendent de donner de l'Elixir blanc ou rouge pour les maladies internes du corps humain, lorsque l'un ou l'autre ont été multipliés ; d'autant, disent-ils, que la Nature ne demandant qu'à être aidée, son feu intérieur & potentiel pourrait bien surmonter & détruire l'archée ou le feu central de la Nature, qui ne demande seulement que du secours, par similitude de vertu & substance. Mais ils ne considèrent pas, qu'ayant été multipliés l'un & l'autre, on ne les donne pas au Malade, ni en quantité, ni avec toute sa qualité, puisqu'on les doit faire rétrograder par la dissolution qu'on en fait dans un esprit, ou bien dans une liqueur qui doit être plus abondante en l'un qu'en l'autre, & à proportion de son

Objection des Médecins.

Solution de l'objection.

Il ne faut pas prendre de l'Elixir après qu'il a été projeté sur un métal imparfait, mais devant.

élévation ; & quand même ils ne seraient pas multipliés, il faudrait les dissoudre & les proportionner à la force du sujet & à la qualité de la maladie ; mais ils auraient meilleure raison de dire, qu'on s'abstient d'en user seulement lorsqu'on s'en est servi en projection, quand même ce ne serait qu'une fois, ce qui est vrai & très remarquable.

Je veux pourtant mettre ici un moyen commode & extraordinaire pour s'en servir, sans qu'ils puissent y trouver à redire, & pour satisfaire pleinement ces Messieurs, qui font tant les scrupuleux, lorsque les Remèdes viennent par un autre canal que le leur, & qui ne voudraient pas se donner la peine qu'il faut prendre, comme je l'ai enseigné ci-devant ; c'est d'en prendre le poids d'un grain de blé, & le faire avaler dans une liqueur, à un animal ; par exemple à un Veau, ou à un Mouton, ou bien le quart d'un grain à une volaille, & 4 ou 5 heure après faire tuer cet animal, qui aurait souffert l'effort du feu de la pierre, si la proportion n'était pas juste, & le Malade après que de telles viandes sont cuites, pourrait s'en servir avec assurance, ou en bouillon, ou bien autrement ; c'est ce que je conseillerais volontiers à ceux qui voudraient seulement s'en servir par précaution, & même quelquefois à ceux qui sont malades.

Moyen commode pour s'en servir sûrement en toute maladie.

Encore faut-il aussi prescrire un moyen de s'en servir pour les maladies du dehors. Quand on a dissout de cet Elixir, ou de l'autre dans un esprit ou liqueur, on en peut mettre un peu dans les huiles, essences, quintessences, esprits, ou toutes autres drogues, médicament, & toute autre Médecine extérieure, même dans de la cire, ou onguents pour en faire des emplâtres, qui procureraient en bref un parfaite guérison, non seulement aux animaux, mais

Son usage pour les maladies extérieures, mêmes pour les végétaux.

encore aux végétaux & minéraux atteints de leurs maladies ordinaires.

Convertit en un instant tous les métaux imparfaits.

L'Elixir rouge convertit en un instant les métaux en or parfait, & fait la séparation de tout ce qui est superflu, impur, & d'une autre nature & espèce que de la métallique ; les rend fixes en un moment, les teint d'une couleur invariable, leur donne le poids, le volume, & le son de l'or ; & d'autant qu'il n'en faut que fort peu pour convertir beaucoup de métal en sa propre nature, les Sages lui ont donné le nom de *ferment*, c'est à dire levain, par comparaison d'un peu de levain, qui fermente beaucoup de farine réduite en pâte. Cet Elixir étant dissout dans quelque liqueur, comme nous avons dit en traitant de l'Elixir blanc, peut convertir en or parfait, tous les métaux durs réduits en lamines rougies & embrasées par le feu, se servant de la plume, ainsi qu'il est amplement dit en l'Article de la Projection sol.

Les Sages l'ont appelé *ferment*, & pourquoi.

Il y a des Philosophes qui disent que la quintessence du Sol est l'huile incombustible, de laquelle on a tant fait de bruit autrefois, & que toute graisse, huile ou cire, où il y aura de cette liqueur dans laquelle on aura dissout de l'Elixir, s'enflammeront & brûleront toujours, sans se consumer, y ayant une fois mis le feu : de même en est-il d'un linge, d'une étoffe, ou autre matière combustible, qui aura une fois été imbibée de cette liqueur.

La quintessence du Soleil est l'huile incombustible.

Toute graisse ou huile où il y aura de cette liqueur, s'enflammera sans se consumer.

L'Elixir rouge multiplié ou non, (mais le multiplié fait mieux) préparé & employé comme ci-dessus, dit, converti le verre & le cristal en rubis fins, en escarboucles, en émeraudes, turquoises, opales, saphirs, topazes, & généralement en toute sortes de pierre précieuse ; c'est ce qu'enseigne *Raymond Lulle*, & même qu'il rend le verre & le cristal malléable, leur donnant la dureté & l'extension

Convertit le verre & le cristal en pierres précieuses.

Rend le verre & le cristal malléable.

du métal, ce qu'on ne peut assez estimer : même, pour des ouvrages exquis dans les Mathématiques.

C'est ici la vraie curiosité que les gens d'esprit devraient tâcher d'apprendre, & non les sottises & sophistications des Chimistes ignorants.

Toutes ces belles & merveilleuses productions de l'une & de l'autre Pierre, sans parler d'une infinité d'autres, devraient exciter aux personnes qui sont hors du commun ; c'est-à-dire, aux personnes curieuses & de jugement ; un ardent désir d'apprendre le moyen de faire cet ouvrage des ouvrages, & ce secret des Philosophes, afin de contenter leur curiosité, par des Expériences que nous avons enseignée, & pour la conservation de leur santé, plutôt que pour le désir d'acquérir des richesses, que tout homme d'esprit & de vertu doit mépriser. Et pour leur donner lieu d'avoir ces pensées, je leur dirai pour conclusion de ce petit travail.

Que quelques Philosophes vont bien au-delà de tout ce qui est dit ci-dessus ; car ils assurent que cette Science contient encore en soi, un secret plus admirable & plus souhaitable, que tous les précédents ; puisque ceux qui sont assez heureux de la posséder, quelques méchants qu'ils fussent auparavant, sont dans un instant & tout d'un coup changés en leur mœurs, & deviennent gens de bien, ne se mettant plus en peine de tout ce qui est de ce monde, qu'ils méprisent, avec toutes les satisfactions des sens, les ambition, les vanités & les richesses, ne souhaitant plus que de s'unir à Dieu, qui est la vraie richesse, & le souverain contentement de l'homme, auquel soit honneur & gloire pendant toute l'éternité. Ainsi soit-il.

Autre effet plus admirable & souhaitable que tous les précédents.

FIN.

*Le Fourneau Philosophal.*

Vous voilà pleinement instruit des trois principales clefs ; il est maintenant question de travailler & de mettre la main à l'œuvre, ce que vous ne pouvez faire sans avoir la matière prête, un Fourneau pour la préparer, qui est celui de Pigré, de calcination, ou à quatre registres un œuf Philosophique d'une hauteur & grosseur convenable, & proportionné à l'écuelle où seront les cendres, & l'écuelle aussi au Fourneau Philosophal. Or comme la première proportion est celle du Fourneau, & que toutes les autres en dépendent, afin de parler justement de toutes en particulier ; il est expédient de commencer par le Fourneau, & d'en faire la juste description, & même déclarer de quelle matière il doit être composé, & de quelle forme.

Prenez tant de terre grasse que vous en ayez suffisamment pour faire votre Fourneau, nettoyez-la de toutes pierres & la pétrissez avec une masse, devant que de la pétrir pesez la premièrement, & en écrivez le poids sur un papier, crainte de vous tromper. Mettez deux onces de limailles de fer sur chaque livre de terre, fiente de cheval, & bourre bien écharpée à discrétion ; mêlez le tout ensemble, humectant d'urine pour la bien lier ; & quand la terre sera ainsi préparée, vous commencerez la fabrique de votre Fourneau, ainsi qu'il s'ensuit.

Sur une planche, ou un ais rond d'un pouce d'épais & de dix pouces de diamètre ; il faut élever ledit Fourneau, & lui donner deux pouces d'épaisseur & douze de hauteur, à prendre au fond en dedans, lequel sera se sept pouces de diamètre. A quatre pouces & demi, il y aura des deux côtés un verre en forme ronde, ou un œil, d'un pouce de diamètre chacun, se répondant l'un à l'autre en droite ligne. La porte pour y introduire la Lampe sera de deux pouces trois lignes de hauteur, & de largeur d'un pouce huit lignes, qui commencera dès le bas du Four, c'est à dire dès la planche.

A neuf pouces de hauteur, seront fichés d'égale distance en triangle trois lames de fer, dans la paroi dudit Fourneau, chacune de la largeur d'environ un pouce, & qui le seront d'autant au dedans, pour soutenir le vaisseau contenant les cendres ; au bout de chaque lame de fer, il y aura un trou afin d'aérer ledit vaisseau percé de trois trous à son bord, d'égale distance aux trous des dites lames.

Sur ce four, s'adaptera un chapiteau de même épaisseur, uniquement, de la hauteur de cinq pouces & demi au-dedans ; au milieu duquel il y aura un trou au haut d'environ huit lignes de diamètre, pour donner issue à la fumée, & sera ce chapiteau en figure de poire comme s'il avait une poignée de la hauteur de quatre doigts, pour le poser & ôter facilement. Ce chapiteau sera en dehors d'environ neuf à dix pouces de hauteur, & ce trou ne se doit jamais boucher, pour laisser toujours libre la sortie de la fumée.

Le Fourneau ainsi fait doit être mis en lieu propre pour bien sécher, c'est à savoir en un lieu chaud, ou à l'air pendant l'Eté, en un endroit ou le Soleil ne donne pas durant la grande chaleur, d'autant qu'il sécherait trop tôt, & ainsi, il pourrait s'ouvrir en quelques endroits & devenir presque inutile, ou du moins il faudrait réparer ce défaut, mais il est mieux de le laisser sécher doucement & à l'aise.

*Figure du Fourneau.*

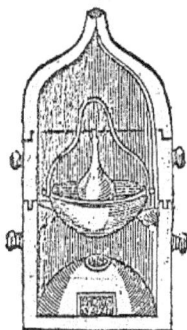

*Partie du Fourneau par pièces séparées.*

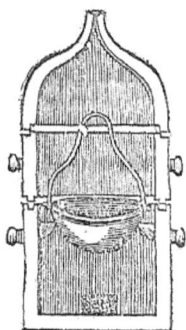

## De l'Ecuelle.

Le bord dudit vaisseau ou écuelle, que quelques-uns appellent le Cendrier, laissera tout à l'entour demi-pouce de vide, sans toucher aux parois dudit Fourneau, afin de laisser cet espace libre à la fumée de la Lampe. Ledit vase ou vaisseau qui sera de cuivre en forme d'écuelle n'aura que cinq pouces de profondeur, six d'entrée, & demi-pouce de bord ; & il sera toujours meilleur de cuivre que de toute autre matière, d'autant que la chaleur du feu de la Lampe, échauffera lieux les cendres & que le feu ou la chaleur s'y proportionnera mieux & plus commodément ; outre qu'étant de cette matière, elle ne sera pas sujette à se rompre comme si elle était de terre, & ne dépensera pas tant d'huile, pour les raisons qu'on peut penser.

### Figure de l'Ecuelle ou Cendrier.

### Les Cendres.

Les Cendres doivent êtres de bois de chêne, si faire se peut, bien passées ou tamisées ; puis passées plusieurs fois par l'eau bouillante, afin qu'il ne reste aucun sel ; car s'il en restait, quand il serait échauffé par la chaleur du feu de la Lampe, il ne manquerait pas de rompre l'œuf, & de faire répandre dans les cendres, votre matière qui est très précieuse, & qu'il faut conserver avec un grand soin. Il est bien mieux de se servir des cendres de bois de chêne, que de tout autre bois parce qu'elles sont plus douces ; c'est pourquoi les Philosophes le prescrivent ainsi, disant ; que Cadmus, c'est-à-dire l'Artiste, tua le Serpent avec sa lance contre un creux de chêne, cette manière de parler des Sages est bien facile à expliquer ; car un chêne ne peut pas être plus creux que quand il est réduit en une cendre privée de son sel.

## De l'Œuf Philosophal.

Le vaisseau qui doit contenir la matière des Sages, lorsqu'elle est préparée pour être mise en œuvre, est nommée de plusieurs noms. Premièrement, vaisseau Philosophal, d'autant qu'il a été inventé par les Philosophes. Il a été dit œuf, d'autant qu'il est en figure d'un œuf. Puis sublimatoire, parce que la Pierre y est sublimée & élevée à une haute perfection ; puis Crible, d'autant que la matière étant élevée par la chaleur au sommet du vaisseau & ne pouvant avancer plus haut, redescend goutte à goutte, comme fait de l'eau qui passe sur un crible ; il est appelé Sphère à cause qu'il est fait en forme ronde & Sphérique. Le Lion vert, le vrai Lion ; & enfin, Sépulcre, à cause que la Pierre y est ensevelie & mortifiée. Et tout l'ouvrage de la Pierre se fait en ce seul vaisseau.

*Vaisseau Philosophal.*

*Sublimatoire.*

*Crible.*

*Sphère.*

*Le Lion vert.*

*Sépulcre.*

Cet œuf doit être enseveli dans les cendres de l'écuelle, préparées comme nous avons dit, & bien séchées devant qu'être mises dans ce vaisseau deux doigts d'épais tout autour de l'œuf, & pressées un peu avec les mains, en sorte qu'elles n'excèdent pas la hauteur de la matière qui est dans ledit œuf, lequel œuf ne sera rempli qu'au tiers, ou au plus qu'a la moitié de sa capacité, lorsqu'on se servira du premier ou du troisième moyen de le sceller hermétiquement afin que les circulations aient plus d'étendue & se fassent mieux de crainte que les esprits de la matière étant subtils, ne rompissent le vaisseau.

Ce vaisseau doit être de verre bien fort, ou double, & capable d'endurer le feu, comme fait le verre de Lectane, d'autant qu'un œuf de toute autre matière ne serait pas si propre, à cause qu'étant de verre, qui est un corps transparent, l'Artiste peut voir à travers, par les petites fenêtres mises exprès au Fourneau, les couleurs qui passeront, & les changement qui s'y feront ; ce qui lui est absolument nécessaire pour son instruction, & afin qu'il se gouverne suivant qu'il le jugera judicieux. Le col dudit œuf doit être d'environ demi-pied, avec une ouverture à y pouvoir mettre le doigt ; & s'il est plus long, il faudra retrancher le superflu, comme il sera dit ci-après, lequel œuf sera premièrement scellé du Sceau d'*Hermès*, dont voici la figure & les différentes manières de faire.

*Des Sceaux d'Hermès.*

Le premier Sceau se fait en faisant fondre le col de l'œuf, qui est de verre, pour lequel il faut donner le feu de fusion peu à peu, mettant entre le feu & l'œuf une tuile percée ; & lorsqu'on voit que le col du vaisseau commence à s'incliner par la chaleur qui le fond, il faut avoir des ciseaux qui soient fort, & couper le col de ce vaisseau par l'endroit où le verre est comme coulant, cela fait une compression qui unit les bords du verre inséparablement, ou bien on peut le serrer en pointe en tortillant le col du vaisseau peu à peu, mais après il faut mettre le petit bout à la flamme de la chandelle, ou de la lampe, afin qu'il se forme un petit bouton, qui bouche bien exactement un petit trou qui demeure ordinairement au bout du tortillis, & qui est presque imperceptible.

Or comme ces sortes de vaisseaux ont communément le col plus long qu'il ne faut, & qu'il est nécessaire d'en retrancher une partie qui pourrait incommoder, j'ai jugé à propos de mettre ici la manière de faire ce retranchement, sans appréhender la nature du vaisseau. Il y a trois manières de faire cette opération, c'est-à-dire de rompre & casser le verre également en travers.

La première, en appliquant un fer rouge pour commencer la fente ou la fissure.

La seconde, en faisant trois tours d'un fils soufré, à l'entour du col du vaisseau, s'il est gros & épais.

Et la troisième, en échauffant le col du vaisseau en le tournant à la flamme de la lampe ou de la chandelle, s'il est petit & mince ; & lorsque le verre est bien échauffé par l'un desdits moyens, il le faut essuyer, & poser dessus quelques gouttes d'eau froide, qui feront une fente, qu'il faudra continuer & conduire jusqu'au bout, avec de la mèche d'arquebuse, en échauffant le verre & fondant sur le charbon de la mèche. Là ainsi on ne risque jamais les vaisseaux.

Le second Sceau d'Hermès, est en mettant deux œufs l'un sur l'autre, & les luttant ou fermant bien ensemble avec du verre fondu, & comme font les Verriers, ainsi que démontre la seconde figure. Par ce moyen, il y a bien de l'espace & de l'air pour les circulations ; c'est pourquoi on pourrait mettre davantage de matière dans l'œuf inférieur, ou bien dans celui qui est dessous. Cette manière me plaît bien plus que la première, parce que les vaisseaux sont bientôt bouchés, & ainsi les esprits de la matière retenus, qui par la longueur du temps du Sceau se dissipent, & l'ouvrage ne peut réussir faute de les avoir conservé & retenu par la diligence requise qui pour cette raison est la condition principale & la plus essentielle.

Le troisième moyen me plaît encore d'avantage, & je le conseille plutôt que les deux autres, d'autant que le Sceau est fait presque en un moment, qui est avec un bouchon de verre, qu'on scelle avec l'œuf par le moyen du verre fondu, qui est tôt prêt, ou autre bon lut convenable. Je ne dis pas qu'il faut que l'œuf est été chauffé à l'endroit par lequel il doit être scellé, & le bouchon aussi car cela est trop trivial, & ceux qui savent travailler n'y manquent jamais, parce qu'autrement ils ne réussiraient pas.

Le fourneau, l'écuelle & l'œuf Philosophique, sont les trois vaisseaux absolument nécessaires à l'opération du grand œuvre, accusés & recommandés par tous les Philosophes, & sans lesquels ou l'un d'eux, on ne peut jamais réussir. Ces vaisseaux sont très bien décrits dans *Flamel*, mais quelquefois il ne leur donne qu'un nom, qui est celui de triple Vaisseau, quoiqu'il parle de chacun en particulier.

## De la Lampe.

La Lampe dont on doit de servir est celle qui est l'invention de *Cardan*, qui se fournit d'huile pendant un grand temps, & donne loisir à l'Artiste de se reposer lorsqu'il en a besoin, sans crainte que le feu s'éteigne faute de nourriture, & il ne se faut pas contenter d'une seule lampe, mais il faut toujours en avoir une supernuméraire au nombre des Fourneaux que vous faites travailler afin que tirant une lampe d'un Fourneau, vous y en puissiez introduire une autre toute prête allumée & fournie d'huile, dans le même moment. Par ce moyen la chaleur de votre feu sera toujours continuée dans l'égalité requise, pourvu que le nombre des fils de la mèche ne soient point augmentés ni diminués.

### Figure de la Lampe.

### Le Crochet.

Il sera nécessaire d'avoir encore un instrument un peu longuet, fait par le bout en forme de crochet, pour abattre la suie que la fumée de la Lampe aura fait monter, & qui sera attachée au fond de l'écuelle, laquelle pourrait ralentir le degré du feu, ou l'augmenter, en sorte qu'il empêcherait entièrement son action & le mouvement de la matière.

*Figure du Crochet.*

Les Balances.

Puisqu'il faut que toutes choses soient proportionnées, & que l'Artiste conduise son ouvrage avec grande prudence, il doit avoir deux paires de Balances accompagnées ou assorties de leurs poids convenables, savoir une à peser jusqu'à sept livres, qui servira à peser la matière philosophale de laquelle on fait le dissolvant, & l'autre, qui pourra peser depuis sept ou huit once jusqu'à un grain, pour savoir au vrai combien on fera de dissolvant, à chaque fois qu'on en aura besoin, combien on en mettra dans l'œuf, & enfin quand l'ouvrage sera terminé & parfait, le poids de la poudre qui en sera issue, car à moins de cela, ce serait travailler sans ordre, sans connaissance de cause, sans plaisir, & sans instruction, & même comme des aveugles ; c'est-à-dire, que ce ferait agir à l'Artiste en étourdi & en bête, & non pas en bon & vrai Philosophe, qui se doit rendre raison de tout, & en parler pertinemment aux autres lorsqu'il est expédient.

L'Artiste ayant prêt tout ce qui lui est nécessaire pour travailler ; c'est-à-dire, la matière, tous les vaisseaux propres & ustensiles ci-dessus, & sa fourniture d'huile d'olive, qui est la plus propre, la plus pure, & celle qui fait moins de fumée ; doit avant que de commencer son travail, avoir fait à son fourneau quinze jours devant, un feu de quelques charbons, afin d'ôter doucement toute son humidité, & augmenter ce feu de temps en temps pour achever de le bien faire sécher ; mais s'il est parfaitement sec, & qu'il ait déjà servi à quelques opérations, le feu de huit jour suffira, & même celui que vous serez obligé de faire, pour découvrir au vrai le premier degré du feu, par lequel vous êtes obligé de commencer.

Il ne sera pas hors de raison, d'enseigner encore une autre matière propre à faire fourneaux de toutes sortes, & dont on se sert en diverses opérations ; & même cette matière est commode à faire des creusets, d'autant que l'Artiste les doit savoir faire & en avoir toujours, à cause qu'il pourrait se rencontrer en des lieux où il lui serait impossible d'en pouvoir recouvrer, s'il en avait besoin. Je pourrais pourtant m'abstenir de mettre cela dans ce Livre, d'autant qu'il se trouve dans tous ceux des Chimistes ; mais pour ne donner pas la peine de les chercher chez les libraires, & d'y avoir recours, j'ai jugé à propos de l'insérer ici, & ensuite expliquer les figures & caractères Chimiques dans une Table gravée, mise à la fin de ce petit Ouvrage.

### Des Luts.

Cette matière se nomme ordinairement *Lut*, d'autant qu'on s'en sert à lutter les vaisseaux qu'on expose au feu violent, & pour faire divers fourneaux & toutes sortes de lutation. Elle est composée de terre argileuse, qui ne soit pas trop grasse de peur qu'elle fasse des fentes, & qui ne soit pas aussi trop maigre, ni sableuse, crainte qu'elle n'ait pas assez de liaison.

Cette terre doit être détrempée avec de l'eau, dans laquelle on aura délayé de la crotte de cheval en grande quantité, & aussi de la suie de cheminée, afin que l'un & l'autre communique à l'eau, un sel qui donne la liaison & la résistance au feu. Que si on veut se servir de ce mélange pour fermer & lutter les vaisseaux de verre & de terre qu'on expose au feu ouvert, & principalement pour les retortes ; il y faudra jouter du sel commun, c'est-à-dire marin, ou de la tête morte d'eau forte, du verre pillé & des paillettes de fer, qui tombent en bas de l'enclume des Forgerons ; & vous aurez un Lut qui sera de si bonne résistance au feu, qu'il sera impénétrable aux vapeurs, jusque là qu'il sert de retorte, lorsque celles de verre sont fondues, par la grande violence du feu de flammes qu'on donne sur la fin des opérations qui se font sur les minéraux.

Quand il faut joindre des vaisseaux ensemble, & qu'ils ne sont pas exposés au feu ouvert. Il y a trois sortes de Luts.

Le premier, est celui qui se fait avec des blancs d'œufs battus & réduits en eau par une longue agitation, dans lesquels il faut tremper des bandelettes de linge, sur lesquelles il faut mettre de la poudre de chaux vive rendue fort subtile, puis poser une bande de linge mouillée, la poudrer, & mettre une autre bande de linge. Mais il faut prendre garde de ne jamais mêler la poudre de la chaux vive avec l'eau des blancs d'œufs, d'autant que le feu occulte de cette chaux les brûlerait & les endurcirait, qui est une faute ordinaire de beaucoup d'Artistes.

*Lut propre pour luter les sceaux d'Hermès.*

On peut aussi tremper de la vessie de porc, & de celle de bœuf, dans l'eau des blancs d'œufs sans se servir de la chaux, & principalement dans la rectification &

l'alcoolisation des esprits ardents, qui se tirent des choses fermentées.

Le second Lut est celui qui se fait avec de l'amidon ou de la farine cuite & réduite en bouillie avec de l'eau commune, cela lui suffit pour lutter les vaisseaux qui ne contiennent pas des matières subtiles.

La troisième n'est autre chose que du papier coupé par bandes, plié & trempé dans l'eau, qu'on met à l'entour du haut des cucurbites, tant pour empêcher que le chapiteau ne rompe la cucurbite, que pour empêcher les vapeurs de s'exhaler. C'est ainsi qu'on évapore & qu'on retire quelque menstrue qui ne peut être utile à quelque autre opération.

On fait encore un bon Lut, pour les fissures des vaisseaux, & pour les joindre ensemble, lorsqu'ils doivent souffrir une grande violence de feu ; il y en a de deux sortes.

Le premier, est celui qui se fait avec du verre réduit en poudre très subtile, du karabé ou succin & du borax qu'il faut détremper avec du mucilage de gomme Arabique, qu'on appliquera aux jointures des vaisseaux, ou à leurs cassures, & après que cela sera bien séché, il faudra passer un fer rouge par-dessus, qui leur donnera liaison & une union presque parfaite avec les vaisseaux.

Que si vous adaptez le col de la cornue au Récipient pour les distillations des eaux fortes, & des esprits des sels, il faut prendre simplement du Lut commun, & de la tête morte de vitriol, ou d'eau forte, avec une bonne poignée de sel marin, qu'il faut bien pétrir ensemble, avec de l'eau dans laquelle on aura dissout le sel, & boucher avec ce Lut, l'espace qui joint le Récipient & la cornue ensemble, & le faire sécher à une chaleur lente, afin qu'il ne fasse point de fentes ; que s'il arrivait qu'il se fendît, il faut avoir soin d'en refermer les fentes à mesure qu'elles se font, parce que cela est grande conséquence pour empêcher l'exhalaison des esprit volatils.

## FIN.

"Born of the author's love for life, concern for humanity, and a passion for what only poetry can make visible, *Khamriyyat Hong Kong* is a poetry of romance, and a poetry of politics—romantically political, politically romantic. It seeks the truths that dwell in winding lines, that flicker through the labyrinth of language. *Khamriyyat Hong Kong* is delicate, yet audacious. Uncharacterized, yet unmistakably a signature. It is both straightforward and deeply metaphoric, dark yet brilliant. It embodies the ambivalent coexistence of belief and doubt, praise and criticism, austerity and desire. In short, *Khamriyyat Hong Kong* is the very reason poetics remains essential."

—C. J. ANDERSON-WU, Taiwanese writer

"The 'drunken' urgency of Ahmed Elbeshlay's *Khamriyyat Hong Kong*, or 'Hong Kong Wine Poems' renders this intoxicating collection as less an observable event than a dive by an obsessed devotee in the depths of immutable truths as his poems rage over war, love, passion and suffering in rich dark cascades of the stark, the bittersweet and the hypnotic. *Khamriyyat Hong Kong* is a fierce, compassionate and timely collection for past and present eras alike."

—AKIN JEJE, author of *Smoked Pearl: Poems of Hong Kong and Beyond*

"An astute observer of people and places, it's almost as if Ahmed's powers of observation have been sharpened by his status as an 'outsider'—a poet from elsewhere. Within this collection you will find the work of a poet at the height of his powers. An assured, direct, perceptive, and at times raw poetic voice."

—ALAN JEFFERIES, Poet

"Reading *Khamriyyat Hong Kong* is like opening a door into a private, unfiltered world where irony, intimacy, despair, and defiance all sit together sipping from the same glass. Ahmed Elbeshlawy's verse moves between the confessional and the confrontational with rawness, precision, and an often disarming sense of humor. While the collection is rooted in the classical Arabic tradition of khamriyyat—poems on or inspired by wine—its content stretches far beyond intoxication. Here, wine is not merely a substance but a metaphor: for freedom from dogma, for artistic courage, for moments of piercing honesty. Through this lens, Elbeshlawy touches on subjects as vast and divergent as sexual desire, creative futility, war, religion, identity, America, Gaza, and existential solitude. Some poems left me smiling quietly, others provoked uncomfortable questions. "In Gaza" is devastating in its moral clarity, while "I am a Writer" and "Stories" deliver a sobering humility, wrapped in playful cynicism. "I am a Writer" captures the voice of an artist negotiating usefulness and meaning in a world that measures value in practical terms—while still daring to declare, "What keeps me thankful / Is that I think I am still better / Than a politician." That one line says so much.

The poems on women are often erotic, ironic, or gently melancholic, but never simplistic. "Heaven" is one of the most subversive and poignant critiques of paradise I've read in recent memory.

This is a collection full of contradictions: spiritual and sensual, political and personal, self-deprecating and unashamedly bold. It doesn't pretend to resolve these tensions—rather, it thrives within them. Not every poem resonated with me equally, but even those I struggled with offered a kind of necessary friction, a poetic honesty that refuses polish or pretense.

*Khamriyyat Hong Kong* is a fierce, searching, and often uncomfortable read—but therein lies its power. It invites the reader to loosen their grip on certainty, pour a metaphorical glass, and listen to a voice that speaks, stumbles, sings, and shouts—all at once."

—AZAM ABIDOV, poet, international literary and cultural
    events organizer